chili verlag

Miriam Sonntag

KISS ME CYPRUS HELL

Jugendroman

chiliverlag

Zuletzt im chiliverlag erschienen (Auswahl):
Glasaugenstern – 101 Gedichte von Alex Dreppec, 2015
Strohblumenstörung – Politische Dichtung der Gegenwart I, 2015
PSYCHONYMOUS I – Vergeltung, 2015
Chili Chicken – Ein Inder in Kassel, Anant Kumar, 2015
suchtraum, Sandra Stubbe, Roman, 2015
PSYCHONYMOUS II – Verzogen, 2015
Lichtläufer, Gerwine Ogbuagu, Roman, 2015
Fassadenflucht – Politische Dichtung der Gegenwart II, 2015
Nachtschwarz, Himmelgrau, Kurzgeschichten, Horst Leiwig, 2015
Herzschlaf, Gedichte & Kurzprosa zu Trauer, Tod und Hoffnung, 2015
Juleika Lippenrot, Erzählungen, David Wozniak, 2016
Stimmwirbel, Gedichte, Michel Ackermann, 2016
Machen! – Silben, Sätze, Sensationen, Marc Mandels minimalistischer Schreibrategeber, 2016
Gatti – Katz'n, Krasse Katz'ngeschichten, 2016
Kodex Rosebud, Roman, Hans-Jörg Kühne, 2016

1. Auflage April 2016

franchili / 41
Lektorat, Gestaltung, Layout: chiliverlag
Foto Silhouette für das Cover: Bat Sheva Sida
Detaillierte bibliographische Daten sind unter http://dnb.ddb.de bei der Deutschen Nationalbibliographie abrufbar.

ISBN 978-3-943292-43-5 www.chiliverlag.de

Wie Schatten flieht die Lieb',
indem man sie verfolgt.
Sie folgt dem, der sie flieht,
und flieht den, der ihr folgt.
William Shakespeare

Inhalt

Frankreich 9
Türkei 11
Fotoshooting 19
Wildwasser 37
First Date 49
First Kiss 67
Realitäten 85
Abschied 101
Cyprus Hell 117
Aufwachen 135
Frankreich 143

Die Autorin 152

Frankreich

Ich will nicht am Meer sein.

Es gibt hier keine schneebedeckten Berge und keine streunenden Katzen. Es sieht anders aus, aber es ist das gleiche Meer.

Wenn ich den Kopf hebe, ist der Horizont flach wie ein Teller. Er wirkt harmlos und ist ohne ein Hindernis. Kleine bunte Boote blinken auf dem Wasser.

Auch die französischen Jungen sind harmlos. Wenn Marie und ich am Strand entlang gehen, sehe ich aus den Augenwinkeln, wie sie grinsen und uns hinterher glotzen. Aber die Jungen wissen nicht, dass ich ihre Sprüche verstehe und reden ganz ungeniert über uns. Über mich.

Es ist gut, die Sprache zu verstehen – vielleicht wäre alles anders gekommen, wenn ich in der Türkei die Leute verstanden hätte. Vielleicht wäre ich gebräunt und satt gefuttert zurückgeflogen – anstatt mir Cyprus Hell einzufangen.

Jeden Tag fragen uns die Franzosen, ob wir mit ihnen Beachvolleyball oder Frisbee spielen wollen.

Wir bleiben nur eine Woche am Mittelmeer, dann fahren wir nach Paris. Aber seit der Türkei weiß ich, dass eine Woche verdammt lang sein kann.

Fünf Tage sind verdammt lang.

Fünf Tage können alles verändern.

Türkei

Wir steigen aus dem Flughafenshuttle und gehen ein paar Stufen hinunter. Ich gehe wie durch einen Sahnetopf, denn alles ist hier cremefarben und der Boden ist aus hellem Marmor. Die Hotelrezeption ist eine lange L-förmige Theke, hinter der drei Angestellte stehen und die Gäste bedienen. Wir bekommen ein Bändchen um das Handgelenk. Ich kriege ein grasgrünes Kinderband, obwohl ich schon vierzehn bin. Peinlich. Eine der Frauen lächelt mich an und schiebt mir zwei Prospekte rüber.

„Für dich."

„Danke."

Ich starre auf das Bild, wo Kinder auf einer riesigen Rutsche kleben. Was denkt sie eigentlich, wie alt ich bin? Zwölf?

In der zweiten Broschüre ist ein Gutschein, auf dem FOTOSHOOT steht. Auf den Seiten sind lachende Familien und Frauen, die im Bikini in den Wellen stehen.

Fotoshoot. Eigentlich finde ich das total oberflächlich. Besonders diese Show von Heidi Klum. Doch die Fotos hatten echt was, besonders wenn sie draußen geschossen wurden. Vielleicht sollte ich das mal ausprobieren, Marie würde mich umbringen, wenn ich das nicht tun würde ...

Zwei junge Männer schnappen unsere Koffer und wir folgen ihnen auf einen Weg, der mit Palmen gesäumt ist. Das Haus sieht genau so aus wie das daneben, nur der Eingangsbereich ist nicht ganz so schlossartig. Weil die Saison noch nicht begonnen hat, sind nicht alle Zimmer belegt, erklärt uns einer der Kofferträger, während Papa ihm Trinkgeld gibt.

In der vierten Etage haben wir ein Familienzimmer mit einer Verbindungstür. Von dem winzigen Balkon aus kann ich ein Stück Meer sehen. Ich hole meinen

Bikini und den Stofftierelefanten Purz aus dem Koffer und lasse mich in meinem Zimmerteil aufs Bett knallen. Dann ziehe ich meinen Bikini an und mustere mich im Spiegel. Meine Haut sticht krass von dem grünen Bikinistoff ab, wie Salat mit Joghurtdressing.

Als meine Mutter mich ruft, streife ich mir ein Kleid über. Das erste Mal im Jahr mit Kleid und Flipflops unterwegs.

Wir laufen durch das Gelände. Überall wachsen Blumen, und in der Mitte des Hauptweges läuft ein kleiner Bach in einem hellen Kiesbett. Es riecht nach Sommer und ich merke, wie meine Laune steigt, nach diesen vielen Wochen Regen.

Es gibt kleine Bäume mit Zitronen und Orangen und Palmen und Wege, die sternförmig zusammen laufen. Dann der Pool – es sind drei große geschwungene Becken, die mit Holzbrücken verbunden sind. Um das Becken sind Liegen verteilt und dahinter kleine gepflasterte Plätze, wo Tische und weitere Liegen stehen. Papa deutet mit dem Kopf Richtung Pool.

Ich sehe in die Richtung, wo ein älteres Paar auf den Liegen klebt. Der Mann liegt auf dem Bauch und die mageren Waden sind tiefrot. Die Frau trägt einen schwarzen Bikini und hat verbrannte Schultern und ein rosafarbenenes Dekollete.

„Gut eingecremt, Linny-Maus?"

„Ja."

„Nimm die 30er- oder die 50er-Creme."

Wie Papa habe ich helle Haut und blonde Locken, aber er ist groß und dürr und seine Haare sind fast grau. Meine Locken sind hell und wie Mama bin ich normal groß.

Mein Vater trägt ein weißes Leinenhemd, eine Sonnenbrille und eine Kappe. Inmitten der rosafarbenen Fleischberge sieht er wie ein Storch aus.

Im Pool spielen Kinder und ein Mann krault seine

Bahnen. Immer wieder kommen Kellner vorbei und bringen Getränke.

Mama lässt sich auf eine Liege sinken. Ich streife mein Kleid ab und gehe ins Becken. Das Wasser ist türkis und das Becken ist so gebaut, dass man die Illusion hat, im Meer zu schwimmen, denn der Beckenrand schließt genau mit dem Horizont ab.

Total schade, dass Marie das verpasst. In die eine Richtung schaue ich auf das Meer und in die andere auf die Palmen. Schwimmen mit Aussicht.

Dann drehe ich mich auf den Rücken und sehe nach oben. Blau. Ich bewundere meine grün lackierten Zehennägel, auch wenn meine Füße noch weiß sind, und spritze eine Fontäne.

Hallo Sommer.

Unter mir auf dem Beckenboden ist eine Blume eingelassen. Ich tauche hinunter und fahre mit den Fingern die kleinen weißen und blauen Steine nach.

Als ich auftauche, riecht es nach Chlor und Kokosmilch, die entweder jemand in seinem Drink oder auf seinem Rücken hat.

Im Nachbarpool spielen zwei Mütter mit Kleinkindern. Gummitiere schwappen auf dem Wasser und die Kinder stecken in grellen Schwimmringen. Am Rand steht ein schwarzer Pfeil mit langer Nase. Der Wegweiser bewegt sich und die Nase ist das herausgefahrene Objektiv einer Kamera. Ein Fotograf. Er ist dunkel angezogen und trägt eine Jacke. Sogar die Schuhe sind dunkel. Das Objektiv von dem Fotoapparat ist riesig und er hat die Kinder im Visier.

Mist. Hoffentlich hat er mich nicht gesehen.

Ich komme aus dem Wasser und greife mir eines der dicken Badetücher. Ich gehe schnell um das Becken auf die andere Seite. Macht er etwa einfach Fotos von allen Gästen? Ohne zu fragen? Wie furchtbar.

Ich streife mir mein Kleid über den Bikini und freue mich, dass es wirklich warm genug ist und gehe zu meinen Eltern, die an einem der Tische Kaffee trinken. Sie stöbern in ihren aufgeschlagenen Reiseführern. Mama wirft einen sehnsüchtigen Blick zum Nachbartisch, wo ein junges Pärchen raucht.

Sie versucht sich zum dritten Mal, das Rauchen abzugewöhnen, und ist jetzt schon den zwölften Tag ohne Zigarette.

„Kommt, wir gucken uns noch ein bisschen um."

Die Anlage ist mehr ein Dorf als ein Hotel, so viele Menschen sind hier. In dem dritten Gebäude ist der Wellnessbereich mit dem riesigen Schwimmbecken und den Fitnessräumen. Mein Vater studiert die Massageangebote und wirft einen Blick in den Eingang.

„Es gibt zwei Saunen und einen Hamam", sagt er begeistert. „Und ihr könnt euch massieren lassen. Guck mal, Linda, was du machen willst. Wo Marie nicht hier ist."

Zu blöd, dass Marie krank ist. Wir wollten hier alles erkunden. Lange am Pool rumhängen, nach Klamotten und Jungen gucken und abends irgendwo tanzen gehen. Blöde Grippe! Ich lasse mich bestimmt nicht massieren. Aber vielleicht gehe ich in die Sauna oder löse den Fotogutschein ein.

Das Fotohäuschen steht mitten im Zentrum der Anlage. Nur für Fotos, so etwas habe ich in anderen Hotels noch nie gesehen. Als wir vorbei gehen, ist aber niemand drin. An der Wand hängen Bilder von lachenden Familien, Kleinkindern und Bikinifrauen.

„Lasst uns noch zum Strand gehen. Deshalb sind wir doch hier", schlage ich vor.

Wir gehen die Promenade ein Stück nach rechts. Überall gibt es Cafés oder Restaurants und Eingänge zu Hotelanlagen. Einige sind dicht am Strand, sodass man die Gäste beim Schwimmen und Sonnen sehen kann.

Das Meer ist wunderschön, aber am besten finde ich,

dass abseits vom Meer so viele Steine und Säulenreste frei herumliegen. In Deutschland hätten sie erstmal Plexiglas darum gemacht und Erklärungstafeln hingestellt. Hier können wir herumspazieren wie die streunenden Katzen, die auch hier wohnen. Und während Papa Mama etwas vorliest, streife ich durch die Graswege und freue mich, wenn ich Säulenreste finde. Meist sind sie mit Blattmustern verziert, aber wir finden auch Fische und Kraken.

„Side bedeutet einfach Granatapfel. Aber der Ort hier ist uralt und wurde im 7. Jh. v. Christus besiedelt", liest Papa uns vor. „500 Jahre später erreichte Side den Höhepunkt des Reichtums und war Zentrum für Wissenschaft, Handel und auch Kunst. Interessant."

Wir besichtigen die Ruinen der Wasserleitungen.

„Erstaunlich", sagt Papa, „ganz und gar erstaunlich."

„Ja, wahrscheinlich hatten sie jede Menge Sklaven."

Mama schaut skeptisch zu der Felswand.

„Ich glaube ja. Die Bevölkerung hat mit den Piraten zusammengearbeitet und deshalb wurde der Ort verschont und ausgebaut. Das Hinterland hieß Lydien. Und Lydia war ein gängiger Name für römische Sklavinnen. Der Sklavenhandel hat sie reich gemacht. Aber ihr guter Ruf war dahin."

Er liest in seinem Reiseführer.

„Der berühmte Stratonicus erklärte, dass die Leute aus Side die schlechtesten und hinterhältigsten Menschen der Welt sind."

Später setzt sich Papa in das Museum ab.

Wir erreichen Alt-Side, das nur aus Geschäften und Restaurants zu bestehen scheint. Auf der Straße verkaufen sie an Ständen Obst, Granatäpfel natürlich am meisten, und Tickets für Bootsfahrten.

Und natürlich bleibt Mama stehen.

„Cyprus. Zypern! Die bieten doch tatsächlich Tagestouren nach Nordzypern an."

„Mama, geh weiter!"

Ich ärgere mich über sie, denn ich weiß, jetzt geht es los. Von dieser Straßenkreuzung bis zur nächsten Abbiegung sprechen uns siebenundzwanzig Männer an. Sie wollen uns Tücher und Schmuck verkaufen, Bootstouren anbieten und uns in Restaurants lotsen. Diese verdammten Straßen sind eine Welt ohne Frauen. Es gibt zwar ein paar, aber die sitzen hinten in den Läden.

Die Straße ist der Planet der Männer. Und es ist Saisonbeginn, weshalb auch nur wenige Touristinnen da sind.

„Spicy girls."

„So schöne Frauen."

„Wo kommt ihr her? Norway? Denmark? Sweden? Germany?"

An einer Stelle ist die Straße so schmal, dass wir durch eine Gasse von Männern gehen müssen. Mama kriegt ihren genervten Blick und zieht die Brauen wie ein Dreieck zusammen.

Zu spät. Es ist ihre Schuld.

In Kenia konnte sie die Händler auch nie abwimmeln. Sie lächelt zuviel und sagt: „Nein danke, vielleicht später", oder: „Ich überlege es mir."

Total falsche Antwort, weil sich die Restaurantbesitzer und die Bootsvermieter die Gesichter merken und einen auf dem Rückweg wieder ansprechen.

„Wir können nie wieder nach Side gehen", fauche ich sie an.

„Es ist wie in Kenia. Da konnten wir den letzten Tag auch nicht mehr an den Strand."

„Komm schon Linda, so schlimm wird es wohl nicht werden."

In Kenia sind wir einmal von der Anlage bis zum Wasser gerannt, um den Händlern auszuweichen. Es war toll, im Meer zu schwimmen, aber natürlich haben sie uns beobachtet und schlau, wie sie waren, unsere Schuhe eingesteckt. Angeblich, um sie vor der Flut zu beschützen. Also musste Mama wieder mit ihnen verhandeln, während ich einfach ohne Schuhe in die Anlage gerannt bin.

„Drei Schlüsselanhänger. Drei!", erinnere ich sie.

„Du musstest drei Schlüsselanhänger kaufen, damit wir die Schuhe wiederbekommen haben."

Aber in Kenia waren wir für die Einheimischen nur Dollarnoten auf Beinen und sie haben mich ziemlich in Ruhe gelassen. Das Aussehen und das Alter der Touristinnen spielten keine Rolle. Sie haben mich nie so angestarrt wie diese Typen hier. Die Blicke sind so krass, ich könnte sie mir wie Blätter von der Kleidung und aus den Haaren zupfen.

„Hey ihr. Bitte kommt, ich habe einen Neffen."
Mama nimmt meinen Arm und wir gehen schnell weiter zum Meer.

Unten am Wasser gibt es wenig Muscheln, dafür viele flache Steine, die Mama im Wasser auftitschen lässt.

„Hier, probier mal."

Sie gibt mir einen. Es ist gar nicht so schwierig, man muss nur die Wellenbrechung abwarten und werfen, bevor die nächste Welle kommt.

In einem Cafe finden wir Papa wieder, der ja dringend seinen Cappuccino braucht. Wir bestellen Granatapfelsaft und ich krame nach meinem Zeichenblock.
Die Küstenlinie ist zu schwierig. Ich habe keine Fotos mit. Also nehme ich meinen Reisepass und fange an, mein Gesicht zu skizzieren.

Der Kellner stellt mir den frisch gepressten Saft hin. Er guckt auf das Blatt und sagt: „Sehr gut schon."

Ich kriege die Krise. Das ist ein Schulprojekt. Fünf Zeichnungen. Ich bin eine Obernull. Am Meer ein Foto abzuzeichnen und dann noch das eigene Gesicht.

„Geht es noch peinlicher? Kann man noch abgedrehter wirken?" frage ich Marie über WhatsApp.

Die Antwort kommt sofort.

„Äh, nein. Zoom euch grade auf Google-Maps. Ist das Meer wirklich knallblau? WOW, das Hotel ist echt schlossartig!!!"

„Ja. ☺ Übrigens: Es gibt Fotoshoots."

„Machen!!!!!!!!!!!!!!!!!!!!!!!!!!!!!!!!!"

Das Abendbuffet ist riesig. Es gibt eine ganze Tischreihe nur mit Salaten und eine andere Reihe mit Desserts. Ich fülle mir ordentlich Kartoffeln und Nudeln auf. Und dann gehe ich noch einmal und hole mir Erdbeeren und Wassermelone. Und Eis. Eistorten. Marie wäre ausgeflippt und hätte versucht, herauszufinden, welche Eissorten hier kombiniert worden sind. Ich mache ein Foto mit dem Handy und schicke es ihr.

„Wie Sarahs Konfitorte in XXL☺."

„Beneide dich. Amüsiere dich für mich mit!!!"

Ein älterer Kellner lächelt mich freundlich an und schneidet mir ein großes Stück ab.

Der Speisesaal geht nahtlos in eine große Terrasse über. Vielleicht liegt es daran, dass unsere Ferien so früh liegen, jedenfalls gibt es kaum Jugendliche. Es gibt Familien mit Kleinkindern und jede Menge ältere Paare und einige Leute, die ich auf Mitte zwanzig schätze. Dafür gibt es viele Kellner. Für meinen Geschmack zu viele. Immer steht jemand in der Nähe unseres Tisches. Zwischendurch stehen die Gäste auf und gehen zur Brüstung, um den Sonnenuntergang zu fotografieren. Die Sonne versinkt wie eine dicke Orange im Meer, nachdem sie einmal die Berge dahinter in Blutrot getaucht hat. Eine dramatische Filmkulisse.

Viele Handys werden gezückt.

Fotoshooting

Nach dem Abendessen schlendern wir noch ein bisschen durch die Anlage. Anscheinend ist die Fotobude jetzt besetzt. Anstatt der leiernden türkischen Musik oder den neuesten Sommerhits höre ich RaveZ, eine richtig coole Band aus Bristol. Marie und ich sind Fans, aber sonst kenne ich nur wenige, die von der Band schon etwas gehört haben.

In der Dämmerung sehe ich zwei Männer, die davor stehen. Sie sehen uns auch, beim Näherkommen macht der eine ein Foto von uns. Er lächelt erst mich und dann meine Eltern an. Er ist kleiner als sein Kollege und sehr dünn. War er am Pool? Er hat einen Wirbel im Haar und auffallend markante Gesichtszüge. Er ist süß.

Zum Glück trage ich mein neues Kleid und habe mir vor dem Essen die Haare gebürstet.

Der andere ist ein richtiger Klischee-Türke. Er steht breitbeinig da und hat jede Menge Muskeln und Goldschmuck.

„Hallo, habt ihr Lust, ein paar Fotos zu machen? Hübsche Urlauberinnerungen", sagt der mit dem Fotoapparat auf Englisch.

„Hi, vielleicht. Was meinst du, Linda?", fragt Papa und betrachtet eingehend die Blüten der Orangenbäume.

„Ich hätte schon Lust", meine ich.

„Woher kommt ihr?", fragt der andere auf Deutsch.

„Aus Deutschland. Wir wohnen in der Nähe von Köln."

„Ah, 1. FC Köln. Meine Lieblingsmannschaft!"

Wetten, der kann zu jeder Stadt die Fußballmannschaft aufsagen?

„Spielt ihr Golf? Es gibt gute Plätze", fährt er auf Deutsch fort.

„Nein, eher nicht", winkt Mama ab.

„Ich bin übrigens Murat", sagt der Fotoapparattyp.

„Linda", stelle ich mich als erste vor.

Der Goldschmucktyp heißt Hassan. Wir reden ein bisschen.

„Radio?", frage ich unvermittelt.

„Nein."

Hassan zeigt auf die Bude.

„Seine Musik. Er hat einen komischen Geschmack." Er stupst den anderen an.

„RaveZ", sage ich und muss grinsen.

„Wie alt bist du?", fragt Murat mich.

Ich glaube, er spricht nur Englisch.

„Vierzehn."

„Vierzehn? – Oh, das ist sehr jung."

Er sieht mich überrascht an.

„Dann – ähm – ihr könntet ja Familienbilder machen."

„Na ja", ich zucke mit den Schultern.

„Nein", sagt Mama und lacht.

„Wenn Fotos – dann nur von Linda."

Hassan nickt.

„Zieh dir etwas Helles an. Das kommt auf den Fotos besser. Und bring deine Sonnenbrille mit. Oder einen Sonnenhut."

„Okay."

Ich habe weder das eine noch das andere mit, hoffentlich habe ich genug Zeit, mir etwas zu kaufen. Auf keinen Fall setze ich meine Red-Sox-Kappe auf.

Wir machen tatsächlich einen Fototermin nur für mich für den nächsten Abend aus. Also noch genug Zeit. Murat ist echt nett. Hassan sagt nicht mehr so viel. Es kommt mir so vor, als wären Murats Umrisse viel klarer als seine.

Im Zimmer schreibe ich sofort an Marie:

„Machen morgen ein paar Fotos mit einem vom Hotel. Der Fotograf ist echt süß und mag RaveZ. Freu mich, bin aber auch aufgeregt. Wie ist es bei dir? Schon wieder auf den Beinen?"

„Cool, schnapp ihn dir. Durfte heute das erste Mal aufstehen. Schreib mir alles – ich langweile mich."

Später stelle ich mich auf den Balkon und stütze mich auf das Geländer. Das Meer ist leise, aber deutlich zu riechen. Der Wind streicht ganz weich über meine nackten Arme und bewegt meine Haare. Es ist richtig Sommer.

Am nächsten Tag gehe ich mit Mama am Meer spazieren. Es gibt viele kleine Läden an der Promenade, wo ich eine Sonnenbrille kaufen kann.

Ich trage fast nie eine Sonnenbrille, und wenn ich mal eine dabei habe, lasse ich sie garantiert liegen. Sonnenbrillen sind wie Regenschirme und Haarreifen. Aber ich will eine kaufen und am besten eine, mit der ich älter aussehe.

„Mama, wie ist die?"

„Zu dunkel, es sei denn, du willst eine Bank überfallen."

„Und die?"

„Auch nicht. Wie wäre es mit denen?"

Sie zeigt auf einen anderen Ständer, wo bunte Brillen in allen Größen hängen. Von Kindergröße aufwärts. Ich kann doch nicht mit einer Kinderbrille kommen.

Schließlich finde ich eine türkisfarbene Brille, die nicht nach Vorschule aussieht und mir gut steht.

Wir gehen noch ein Stück am Wasser entlang. Ich lasse einen Stein übers Meer springen. Zweimal titscht er auf, bevor er in den Wellen untergeht. Dafür, dass ich es erst gestern gelernt habe, kann ich es doch schon ganz gut. Wegen des Fototermins bin ich aufgeregt.

„Wie lange dauert es? Was meinst du?"

„Nicht so lange. Für den Gutschein macht er fünf

Fotos. Vielleicht auch zehn. Ich denke, eine Viertelstunde oder zwanzig Minuten. Nach dem Essen können wir dann noch zur Gartenterrasse. Da ist heute Abend Karaoke."

Karaoke klingt lustig, aber ich kenne es nur von Feten. Doch hier gibt es eine Bühne und der Gewinner bekommt einen Preis.

Mama grinst mich an.

„Na, wie wäre es?"

„Haha! Singen! Wohl eher nicht. Aber vielleicht zugucken."

Doch jetzt muss ich erstmal die Fotos machen.

„Mama, glaubst du, die sagen mir, welche Posen ich da machen soll? Und was ist, wenn ich sie nicht verstehe?"

„Mach dir keine Sorgen. Das klappt schon. Du weißt doch, selbst mir wurde beim Surfen in Kenia gesagt, dass ich eine gute Schülerin war. Zur Not kannst du in die Brücke fallen und auf den Händen stehen."

Sie lacht.

„Hm."

„Du musst es nicht machen. Aber wenn du es ausprobieren willst, ist der Urlaub doch die beste Gelegenheit. Es ist kein Job. Du kannst jederzeit aufhören. Und außerdem kann ich mitkommen."

Ich hebe eine Muschel auf und werfe sie ins Meer.

„Was meinst du? Jeansshorts und oben weiß?"

„Das sieht bestimmt gut aus. Es sind keine Bewerbungsfotos. Mach einfach ein paar Bilder. Aus Spaß. Als Erinnerung."

Mamas Stein springt dreimal übers Wasser.

Ich wünschte, Marie wäre hier. Sie könnte mir bestimmt bessere Ratschläge geben.

Wenigstens kann sie mir schreiben, und da sie im Bett liegt, ist sie immer ein bisschen dabei.

„Jeansshorts kommt gut. Barfuß. Und oben die weiße Bluse von Nelly aus Amerika. Die mit dem Lochmuster. Ich drücke dir die Daumen. Du schaffst das."

„Bin echt nervös. Soll ich überhaupt so ein Shooting machen? Auch wenn es kurz ist?"

„Natürlich. Jetzt oder nie. Wann kann man schon mal Modeln ausprobieren? HALLO!!!! Und was sagt die alte Klum immer? – Entspann dein Gesicht."

Okay, wie Marie vorgeschlagen hat, bin ich barfuß. Das sieht lässig aus. Und die Hose ist so bequem, dass ich zur Not in die Brücke fallen kann, falls mir gar nichts einfällt.

Als Mama und ich vor der Fotobude stehen, sind Murat und sein Freund schon in den Startlöchern. Sie reden kurz türkisch und dann geht Hassan zurück in die Bude.

Die erste Pose ist vor einer Wand und lächerlich. Meine Finger und mein Rücken kleben am rauen Stein und ich habe keine Ahnung, wie ich gucken soll.

Murat schießt die Fotos total schnell und redet nur mit meiner Mutter. Er versucht uns zu überreden, ein Mutter-Tochter-Shooting zu machen.

Bis zur zweiten Station, einer kleinen Holzbrücke, fühle ich mich ziemlich blöd und überflüssig. Ich spüre den Sonnenbrand, den ich mir trotz Papas Warnungen auf der Nase geholt habe. Meine Haut spannt etwas und bestimmt bin ich rot.

Und ich bin ungeschminkt, von wegen Beauty Shoot. Aber dann sage ich mir selbst: „Ach, was soll es, ich mache das Beste daraus."

Murat gibt mir schnelle Anweisungen, was ich machen soll. Zwischen den Aufnahmen guckt er mich nicht an und sieht immer über meine rechte Schulter hinweg. Ich suche die Augen meiner Mutter und wir fangen an zu kichern. Plötzlich ist alles viel entspannter. Wir schießen noch ein paar Bilder. Ich soll an einer Rose riechen, während Murat eine Aufnahme meines Gesichtes macht.

‚Sieh mich an, guck mich nur ein einziges Mal an', beschwöre ich ihn mit meinem Augen.

Murat richtet sich langsam auf und zeigt mir das Bild.

„Schau mal, wie schön du hier aussiehst." Das sind die ersten Worte, die er heute nur an mich richtet.

„Mmmm ... ja."

Ich wiege, unschlüssig, was zu tun ist, den Kopf hin und her. Ich finde es zwar süß, aber auf der Kamera kann man nicht viel erkennen.

Er lächelt mich warm an.

Beiden nächsten Bildern sagt er häufiger etwas zu mir. „Beautiful."

Er zeigt mir, wie ich die Haare über den Kopf zu einer Seite hin fallen lassen soll.

„Genau so. Sehr gut. More beautiful."

Manchmal, wenn ich ihn fragend angucke, macht er die Pose kurz vor.

Es sieht lustig aus, wie er auf der Holzbrücke steht und über die Schulter zu uns guckt. Oder wie er sich an einen knorrigen Baum lehnt und die nicht vorhandene Haarmähne anhebt. Er steht mit den Füßen gekreuzt und schiebt ein Knie vor. Witzig.

Er lächelt.

„Du siehst aus wie ein Topmodel. So truely beautiful."

„Schöne lockige Haare."

Ich freue mich zwar, sage aber nichts dazu. Ich weiß auch nicht warum ...

Murat gibt alle Posen vor und alle Stationen. Ich soll mich vor ein Beet voller kleiner weißer Blumen setzten und den rechten Arm aufstützen. Er sagt mir, wie ich die Hände halten soll und in welche Richtung ich schauen muss.

Als wir zur nächsten Station gehen, sagt Murat lächelnd: „Deine Tochter ist sehr schüchtern."

„Warum?", fragt Mama.

„Weil, wenn ich ihr sage, dass sie schön ist, sie mir nicht antwortet."

Er lächelt mich an.

Ja, ich hätte vielleicht wirklich was sagen können.

Wir gehen einen der kleinen Wege. Es riecht nach Orangenblüten – und der Weg endet in einem richtig paradiesischen Garten. Palmen, Orangenbäume, Wasser und Sonnenstühle. Es ist perfekt, wieso haben wir den nicht früher entdeckt?

Wir sind ganz alleine hier. Komisch, denke ich, es ist doch so gutes Wetter.

Murat geht zu einem Baum und pflückt eine himbeerartige Frucht. Er gibt sie mir, ich soll sie probieren. Die Frucht schmeckt süß und gleichzeitig sauer. Lecker. Er sagt mir den türkischen Namen und gibt mir noch eine Beere.

Die nächste Pose ist auf einer Rasenfläche. Ich soll mich hinlegen. Ich lege mich auf den Bauch und winkle die Beine an. Kreuze wieder die Füße.

Das Gras ist feucht und kalt. Aber das macht mir nichts aus. Murat ist so süß. Um einen guten Winkel zu haben, hockt er sich so klein hin und winkelt den Oberkörper ab, dass er in einen Schuhkarton gepasst hätte. Ich muss lachen. Er ist echt nett.

Die Zeit vergeht langsam und es ist still. Ich fühle mich wohl und genieße es. Ich glaube, die Fotos sind ganz gut. Mama läuft ein bisschen in dem Garten herum und bestaunt die blühenden Pflanzen.

Ich sitze mit dem Rücken zu Murat. Ich stelle die Füße auf und stütze mich auf die Unterarme. Ich lege den Kopf in den Nacken. Der Himmel ist dunkelblau und ich sehe in die Kronen der kleinen Orangenbäume. Oben schwebt eine Möwe Richtung Meer. Die Welt auf dem Kopf ist schön. Ein ganz leichter Wind fährt über meine Haut. Dann gucke ich Murat an, der hinter mir kniet und die Kamera vor dem Gesicht hat. Er lässt die Kamera sinken und schaut mich an.

Ist die Pose blöd?

Wir gucken uns an.

Erst als Mama zurückkommt, nimmt er rasch die Kamera hoch und schießt zwei Fotos.

Ich drehe mich auf den Rücken.

Als ich auf dem Boden liege, richtet er meine Haare. Einmal dreht er kurz eine Locke um den Finger. Dabei lächelt er ein ganz bisschen anders als vorher. Das kann aber auch Wunschdenken sein.

„Wieso bist du so schön?", fragt Murat, als wir aus dem Garten gehen.

Ich zucke mit den Schultern. ‚Weil Gott es so gewollt hat?'

„Siehst du? Kein Wort", sagt er lachend zu Mama.

„Was soll ich dazu auch sagen?", frage ich peinlich berührt.

Ich hasse Komplimente über mein Aussehen. Das sagt er doch zu jeder, das ist doch sein Job, und jeder Typ sagt das zu mir.

„Du kannst Danke sagen", antwortet er über die Schulter.

„Oh ... ach ja. Danke."

Als nächstes wollen wir an den Strand gehen.

‚Wie viele Fotos machen wir eigentlich?'

Murat geht vor. Ich will zu ihm hinlaufen, aber entscheide mich in letzter Sekunde noch anders. Murat, glaube ich, hat das gemerkt und wartet auf mich.

Wir gehen zum Strand. Ich erzähle ihm von dem Praktikum, was mir bevorsteht. Er guckt mich ganz konzentriert an. Was heißt noch mal Praktikum? ‚Work experience'? On a farm. Ich bin mir aber nicht sicher, ob er das alles versteht. Englisch ist doch ganz schön schwierig und ich stolpere durch die Sätze.

„Hast du einen Freund in Deutschland?"

„Nein."

Nicht gerade mein Lieblingsthema.

„Warum nicht?" Ein Lächeln umspielt seinen Mund.

Na ganz toll, jetzt war ich schüchtern und ohne Freund. Ich zucke die Schultern.

„Weil die Jungs, die ich mochte, mich nicht mochten."

Murat hat mich nicht verstanden.

„Oder interessierst du dich nicht für Jungs?"

„Doch", sage ich laut.

Er lacht. Er hat ein schönes Lachen.

Mama kommt hinzu und erlöst mich; ich gehe zu einer Umkleidekabine und ziehe meinen Bikini an. Die Frage, ob ich einen Freund hätte, hat mich überrascht. Haben alle Vierzehnjährigen, die er kennt, einen Freund? Ich kenne nicht haufenweise Jungen, weil ich mit dem Schulbus zur Schule fahre und danach direkt zurück. In der Stadt hänge ich kaum herum. Der Reitstall ist fest in weiblicher Hand und in meiner Tanzgruppe gibt es nur einen Mann. Nur der Ballettkurs wird von einem Tänzer geleitet, der der Schwarm alle Zwölfjährigen ist.

Ich fühle mich wie der absolute Loser.

Wieso fragt er so etwas?

Ich weiß auch nicht, was mit mir los ist, aber auf dem Rückweg muss ich echt mit den Tränen kämpfen.

Murat sieht mir entgegen. Ich kann zwar nicht sehen, wie er guckt, aber trotzdem habe ich das dringende Bedürfnis, mich mit den Händen zu bedecken. Ein richtiges Zucken läuft durch meinen Körper. Wieso habe ich kein Handtuch mitgenommen?

„Deine Mutter hat mir gerade erzählt, dass du Angst vor den Männern in Side hast. Erzähl mir davon", fordert Murat mich auf, als ich bei ihnen ankomme.

„Was?", frage ich ihn und Mama schockiert.

Haben die mein Privatleben breitgetreten?

Jetzt bin ich schüchtern, habe keinen Freund und auch noch Angst vor türkischen Männern. Na toll! Hoffentlich fühlt er sich nicht diskriminiert deswegen.

„Man wird nie in Ruhe gelassen. Alle wollen einen anmachen oder einem etwas verkaufen", erklärt Mama ihm. „Sie sind sehr aufdringlich", fügt sie hinzu.

„Nein. So schlimm ist das nicht", versuche ich mich zu retten.

Oh Mama, wie peinlich du bist.

„Gehst du in Deutschland in die Disco?", fragt Murat unvermittelt.

„Ja, wenn ich reinkomme."

„Wenn du reinkommst?"

„Sie kann nur in Discos ab vierzehn Jahre gehen. Es gibt ein Mindestalter", mischt Mama sich ein.

„In Side kommst du auf jeden Fall rein. Weil du ein Mädchen bist. Wir können ja mal hingehen", schlägt Murat vor.

Mamas Augenbrauen treffen sich in der Mitte.

„In die Disco!???"

„Ich meine, wir könnten alle hingehen. Du könntest deinen Mann noch mitbringen", strahlt Murat.

Schlägt er das jedem Touristen vor?

Ginge er dann wirklich mit uns in die Disco? Nur um Fotos zu verkaufen? Seinen Job hätte ich nicht gern!

Bei dem Gedanken, mit meinem grauhaarigen Papa in der Disco zu sein, muss ich kichern.

„Ich glaube, das machen wir eher nicht."

Mama versucht angestrengt, nicht in mein Lachen einzusteigen.

„Warum denn nicht? Das wäre bestimmt lustig", sagt Murat.

„Komm, Linda. Können wir anfangen?", fragt Mama und geht an die Wasserkante.

Ich gehe ins Wasser. Es ist nicht so kalt, wie ich es erwartet habe. Hoffentlich muss ich mich nicht ins Meer legen.

Außerdem, es ist nur Wasser.

Es ist nicht wie in den Model-Shows, wo den Mädchen widerliche Tiere auf den Körper gesetzt werden oder unter ihnen ein Feuer angezündet wird.

Wieder gibt Murat die Posen vor.

Ich kniee im Wasser, das meine Beine zur Hälfte bedeckt, kreuze die Arme und lege die Hände jeweils auf das andere Bein.

„Smile. Very nice."

Ins Wasser setzen, an den Strand legen und der typische Kram, aber auch Ungewöhnliches.

Ich sitze seitlich an der Wasserkante und soll den Kopf zurücklegen und in den Himmel schauen. Das vordere Bein ist lang, das andere angewinkelt.

„Die Füße strecken. Gut. Beautiful!"

Einmal soll ich im Sand beide Hände auf eine Schulter legen und in die Kamera gucken. Die linke Hand oben, damit man das grasgrüne Kinderband nicht sieht. Ich bin wie eine Figur auf einer griechischen Vase.

Es stört mich ein bisschen, dass der Strand so öffentlich ist.

Auf der Promenade entdecke ich die Familie, die das Zimmer neben uns hat. Oh nein, kommt nicht hier her. Sie entdecken uns in der gleichen Minute und schlendern Richtung Strand.

Bitte nicht! Sie kommen auf uns zu. Eine Mutter mit zwei Töchtern. Die Ältere ist in meinem Alter. Unsere Blicke treffen sich, während ihre Mutter mit meiner redet. Ihr Blick ist so abwertend, als würde sie denken: „Jetzt legt sie sich da in den Sand, die ist bestimmt voll eingebildet. Lässt hier Fotos von sich machen. Nur weil sie hübsch ist, spielt sie das Topmodel."

Ich kann es ihr nicht verübeln, ich würde höchstwahrscheinlich das Gleiche denken.

Es ist mir unangenehm. Sie bleiben noch länger da und schauen zu. Nach einer Weile gehen sie an eine andere Stelle des Strandes. Dort macht die Mutter selbst Fotos von den Töchtern. Jokefotos, auf denen sie springen und die Zunge herausstrecken. Ein Glück, jetzt haben sie etwas zu tun.

Murat ordnet eine Pause an.

„Ist dir kalt?", fragt er mich.

„Nein, es geht schon."

Obwohl, seine Jacke hätte ich schon gerne gehabt. Ob er sie mir angeboten hätte? Wieso habe ich nicht ja gesagt?

Ich spüre meinen Körper überhaupt nicht mehr.

„Linda. Reicht es jetzt nicht? Wir haben doch genug schöne Fotos", fragt Mama.

„Aber erst gleich können wir die richtigen Sonnenuntergangsfotos machen", mischt sich Murat ein.

Ich gehe kurz ins Wasser und wasche mir den Schlamm vom Körper. Mir ist schon etwas kalt, aber ich möchte weitermachen.

Als die Sonne tiefer sinkt, schaue ich hoch zur Terrasse des Hotels. Bestimmt treten gleich wieder die Touristen an die Brüstung, um den Sonnenuntergang zu bewundern.

„Stell dich Richtung Meer. Mit dem Rücken zu mir. Und schau über die Schulter."

Ich stelle mich ans Wasser und schaue nach hinten.

„Hände auf die Hüften."

Er stemmt mir meine Arme in die Hüften.

„Gut, jetzt versuch es ein bisschen sexy."

Ich sehe ihm an, dass er nicht weiß, ob das okay ist. Dass er nicht weiß, wie ich das finde. Ich werfe ihm einen langen Blick zu. Das passt mir nicht. Schnell geht er zu einer anderen Pose über.

Murat regt sich über drei Angler auf, die anscheinend glotzen. Ich versuche, mich nicht zu ihnen umzudrehen. Würde ich sie sehen, es würde mich nur nervös und ängstlich machen.

„Ich wünschte, ich könnte sie wegschicken. Sie verderben das Geschäft", ärgerte er sich.

Mama wirft mir ein großes blaues Tuch über. Tut sie es wegen der Kälte oder wegen der Angler?

„Das ist gut beim Shooting", sagt Murat. „Halte es, als wären es deine Flügel."

Ich sehe ihn fragend an und breite dann das Tuch

hinter mir aus. Es flattert im Wind.

Mama und Murat reden noch ein bisschen. Ich stehe einfach nur dabei.

Als die Sonne schon sehr tief steht, machen wir weiter. Zuerst soll ich in die Luft springen.

„Ich zähle. Bei drei springst du."

Ich springe, aber er winkt ab.

„Die Beine – nein."

Er springt hoch und knickt beide Beine seitlich nach hinten. Es sieht witzig aus, wie er versucht, die Füße in den Sneakern zu strecken.

Ich muss lachen und er auch.

„Noch einmal. Make it beautiful."

Er schaut auf das Display der Kamera und nickt zufrieden. Ich soll mir das Tuch um die Hüfte binden, sagt Murat, und mich auf den Sand legen. Auf die Seite. Eine Hand vor dem Körper aufstützen. Die andere Hand soll so sein, dass es aussieht, als wenn die Sonne in ihr liegt. Lächeln. Alle Haare über eine Schulter fließen lassen. Das Wasser wird rot.

Murat schießt die Fotos immer schneller.

Die Arme heben. Kopf drehen. Beine anwinkeln. Die Haare zu einer Seite. Die Haare nach hinten. Hände zur Schale formen. In die Ferne schauen. Ihn anschauen. Lächeln.

Mama beschließt, dass es nun endgültig genug ist und gibt mir ein Zeichen, aufzustehen. Ich schaue hoch zur Hotelterrasse, wo die Touristen wieder den Sonnenuntergang knipsen, und wickele mich schnell in Mamas Tuch ein.

„Kommt heute nach dem Abendessen noch mal vorbei, dann suchen wir die Fotos aus, die in das Fotobuch kommen."

Mama und ich gehen aufs Zimmer, wo Papa schon wartet.

„Na, wie war's, kleines Topmodel?", fragt er neugierig.

„Ganz toll."

Ich versuche zu verhindern, dass meine Zähne aufeinander schlagen. Ich fühle mich unwirklich und kalt. In der Dusche überlege ich mir, was ich Marie schreibe. Hat mir der Fotoshoot gefallen oder nicht?

Ich weiß es nicht. Keine Ahnung. Auf keinen Fall würde ich das als Job machen wollen. Aber es war auf jeden Fall eine Erfahrung, und im Garten war es wunderschön! Nach dem Duschen rubbele ich mich mit dem dicken weißen Handtuch trocken, bis mir wieder warm ist. Ich föne mir die Haare und ziehe dann eine lange Hose an.

Beim Abendessen fliegen Vögel unter der Saaldecke herum. Wir finden einen Platz auf der Außenterrasse und Papa bestellt für sich Wein und für Mama und mich Wasser. Innen ist wieder ein Wahnsinnsbuffet aufgebaut. Trotzdem höre ich ein älteres Paar schimpfen: „Schon wieder dieses klumpige Kartoffelpüree. Das kommt bestimmt aus der Tüte."

Es ist mir peinlich, dass sie so laut reden und ich hoffe, dass keiner der Kellner sie gehört hat. Klumpig hin oder her, es gibt bestimmt über hundert verschiedene Sachen, die man essen kann. Allein der Tisch mit den Früchten ist der Hammer.

Papa geht immer wie in Trance durch die Gänge und guckt sich alles an, bevor er auswählt. Aber vielleicht sind die Alten ja schon monatelang hier und wollen jetzt lieber westfälische Wurst essen. Oder sie sind einfach nur wahnsinnig verwöhnt.

Ich hole mir einen Riesenteller mit Kartoffelspalten, Möhren und Blumenkohl und danach noch eine große Portion Erdbeeren. Aber plötzlich habe ich keinen Hunger mehr. Ich sitze vor meinem Teller und umklammere mein Glas Wasser. Fange ich gleich etwa an zu weinen? Vor allen anderen? Ich muss hier weg.

„Mama, ich geh' schon mal vor."

Sie sieht mich stumm an, dann nickt sie. Sie nippt

an Papas Weinglas und schaut auf das Meer. Ich gehe schnell nach draußen.

Schon auf dem Weg zum Zimmer spüre ich die Tränen laufen. Ich bin völlig fertig. Im Zimmer mach ich nicht mal das Licht an. Die Vorhänge sind zu und in der Dämmerung fällt nur ein kleiner Lichtspalt durchs Fenster. Ich kuschle mich unter die Decke, schnappe mein Buch und versuche, mich mit Karoline und Kai abzulenken. Es klappt nicht. Mein Körper lässt mich jetzt ausbaden, dass er ins kalte Wasser musste. Die glotzende Familie, die Angler, die Holperei durch das Englisch, seine Augen – es war einfach etwas zu viel.

Mein Handy fiept.

„Wie war es????????? ☺"

„Hab es gemacht. Irgendwie toll, aber stressig. Habe nachher geheult ☹. Der Fotograf war aber echt super süß."

„??????"

„Wieso geheult?"

„Du kennst mich doch ☺ ☹."

„Linda? Bist du da?", fragt Mama.

„Wo sollte ich sonst sein?!"

„Du hast ja gar nicht das Licht angemacht?"

Surrend wird es hell.

Mama und Papa stehen in der Tür.

Mama nimmt mich sanft in den Arm und tröstet mich. Nach einer Weile sagt sie: „Wasch dir dein Gesicht Linny, wir müssen gleich los. Die Fotos sind bestimmt fertig."

Ich spüre ein Aufstoßen im Magen, als wir zur Bude kommen.

„Hey Baby!", begrüßt mich Murat leise, so dass Mama es nicht hört. Anscheinend sind die Fotos ganz gut geworden, freue ich mich. Hassan, der andere Fotograf, ist auch da, er begrüßt Mama.

Auf dem Display vom Computer sehe ich schon eins der Bilder. Es ist ungewohnt, mein Gesicht auf einem großen Bildschirm zu sehen.

„Echt lockige Locken", bemerkt Hassan. „Dauert es lange, die intakt zu halten?"

„Sie wollen einfach nie trocken werden."

„Sie sind wirklich toll", sagt Murat leise und lächelt mich an.

„Danke." Ich habe dazugelernt.

„Ich lass erst mal die Fotos so durchlaufen. Danach könnt ihr euch entscheiden", schlägt Murat vor.

Hassan geht aus der Fotobude und kommt auch nicht wieder zurück. Ich setzte mich auf einen Hocker direkt neben Murat und schaue auf den Bildschirm. Mama setzt sich auf die andere Seite.

Während die Fotos durchlaufen, spüre ich plötzlich Murats Knie an meinem Bein. Wie lange ist es da schon? Macht er das extra?

Ich gucke ihn an, aber er sieht konzentriert auf den Bildschirm. Wahrscheinlich nicht, ich sollte aufhören, mir Chancen auszurechnen.

Die Fotos sind wunderschön.

Murat kann echt toll fotografieren. Und es sind unglaublich viele Fotos. Bestimmt über hundert. Die Bilder wechseln zwischen Schwarzweißaufnahmen und Farbe. Manchmal ist nur ein Detail wie die Sonnenbrille oder die Wiesenblumen in Farbe. Mal sieht man nur mein Gesicht, mal den ganzen Körper. Auf einigen Fotos erkenne ich mich kaum. Sehen so meine Hände aus?

Die Sonnenuntergangsbilder sind irre. Meine Locken strahlen rot und überall flimmern Lichtreflexe.

Aber am meisten mag ich das Foto, wo ich an der Rose rieche. Meine Augen leuchten richtig.

Als er anfängt aufzuschreiben, welche Bilder ich in dem Album möchte, zieht er sein Bein weg. Ohne nachzudenken stoße ich ihn sanft mit meinem Knie an, als ich mich vorbeuge, um ein Foto besser betrachten zu können. Er reißt den Kopf zu mir herum und sieht kurz so aus, als wolle er zu unseren Beinen herunter schauen. Dann besinnt er sich aber wieder und starrt auf den Bildschirm.

Er fängt an, von vorne die Fotos zu zählen. Fast ist er am Ende angelangt. Aber er hat sich verzählt. Jetzt bin ich mir sicher: Er hat das extra gemacht.

Am Ende suchen wir die schönsten Bilder heraus. Sein Knie stößt wieder an meinem Oberschenkel. Weiter oben als davor. Ich merke wieder nicht, wie das Knie kommt.

Mama merkt zum Glück überhaupt nichts davon.

„Ihr könnt das Buch morgen abholen. "

„Wir kommen morgen Abend. Am Tag machen wir einen Ausflug", teilt Mama ihm mit.

„Einen Ausflug? Ohne mich?", fragt Murat und grinst.

Wir lachen und reden noch ein bisschen. Er hat so ein schönes Lächeln. Sein ganzes Gesicht ist voller Licht. Heller als die Sonnenkugel in meiner Hand.

Abends liege ich lange wach. Meine Mutter streicht über meinen Arm.

„Kannst du nicht schlafen? Wegen dem Ausflug? Oder wegen der Fotos am Meer?"

„Wegen der Fotos. Ich kann nur noch an ihn denken."

Sie lacht. Fünf Minuten später schläft sie.

Aber ich wälze mich im Bett herum und nehme dann das Handy.

„Bist du wach? Kann nicht schlafen. Muss an die Fotos denken."

„Bin total wach. Liege ja dauernd im Bett. Die Fotos schon gesehen?"

„Ja. Nein."

„???"
„Nur auf dem Bildschirm. Zum Aussuchen."
„Denkst du an die Fotos oder an den Fotografen?"
„☺ "
„Aha"

Wildwasser

Mein Vater hat den Ausflug gebucht, der um sieben Uhr morgens losgeht.

„Muss das wirklich sein. So früh?"

„Ja. Das lohnt sich, Linny-Schatz. Das ist eine ganz tolle Tour. Keine Tour, die nach drei Stunden in einem Bazar bei einer Einkaufstour endet."

Mama nickt zufrieden.

Ich wollte doch mit Marie zu einem Bazar.

Papa reicht mir die Sonnencreme.

„Es wird toll, Linny, glaub mir."

Ein Kleinbus nimmt uns mit. Wir fahren noch zu anderen Hotels und holen Gäste ab. Auf einer Landstraße werden wir in einen großen Bus umquartiert und der Reiseführer steigt hinzu. Er heißt Ünal und hat lange in Deutschland gelebt. Er erzählt uns erst mal witzige Geschichten, die zeigen, wie sich die Länder unterscheiden. Er ist auch Naturführer und erklärt uns die Pflanzen, als wir hoch ins Taurusgebirge fahren.

„Ich möchte euch die Türkei zeigen. Nicht die Küste. Die Küste ist Europa. Gleiches Geld, gleiche Preise und auch die Menschen. Ich will euch etwas von der Natur und von der Kultur der Türkei zeigen."

Meine Eltern sind begeistert von ihm, denn er ist lustig und hat total Ahnung. Mein Vater setzt sein zufriedenes Gesicht auf, das er sonst nur beim Tortenessen hat. Er stellt viele Fragen.

Wir halten in einem Dorf und besichtigen eine Moschee. Barfuß. Ich finde die Kuppel toll und gucke nach oben, während uns die Religion erklärt wird.

Oben, hinter einem Vorhang beten die Frauen. Wenn sie es denn tun. Ünal erzählt, dass nur zehn Prozent der Menschen in der Türkei regelmäßig in die Moschee gehen und beten. Aber cool ist, dass man die fünf Tagesgebete auch nachholen kann. Das heißt ja, erst lebt man ganz viel, und wenn man achtzig ist und nicht mehr laufen kann, fängt man an zu beten und holt alle hunderttausend Gebete nach.

Wir fahren weiter. Höher hinauf ins Gebirge, und dann halten wir an einem großen Fluss. Er ist wild und das grüne Wasser rauscht an uns vorbei. Wir machen eine Kurzwanderung. Ünal hat echt Ahnung und zeigt uns besondere Pflanzen. Das Gebirge ist überwältigend toll. Hier würde ich gerne mal eine längere Wanderung machen. Manchmal höre ich zu und manchmal schaue ich einfach auf den schönen wilden Fluss.

Die Leute laufen sehr langsam und es gibt auch keine jüngeren Mitreisenden. Ünal erzählt uns von den Nomaden, die hier immer noch leben. Sie haben provisorische Hütten und Tiere und ziehen dann weiter. Sie gehen nicht zum Arzt und die Kinder auch nicht zu Schule. Das Land ist riesig.

Danach teilt sich die Gruppe. Ein Teil fährt mit dem Bus zu dem Restaurant, wo wir uns alle treffen. Eine kleinere Gruppe macht Rafting.

Ich beschwöre meine Eltern mit den Augen. Als das nichts hilft, bettele ich sie an.

„Bitte, wo Marie doch nicht da ist! Ich wünsche mir das. Aber nicht alleine."

Mein Vater seufzt schwer, als er sich für die Fluss-Tour einträgt. Meine Mutter drückt seinen Arm und zwinkert mir zu. Allerdings zwinkert sie nicht mehr, als wir in Neoprenanzügen zu den Booten gehen.

Hinter den zwei Schlauchbooten ist eine kleine Flussschleife und direkt dahinter gurgelt das Wasser in zwei wilden Stromschnellen hinunter.

„Die Männer nach vorne", kommandiert der Bootsführer. Er spricht perfekt Deutsch und sieht super türkisch aus mit dem Goldschmuck und den Muskeln. Er hat dicke Locken und bestimmt viele Mädchen, die auf ihn stehen. Mein Vater steigt widerwillig als Erster ein. Seine bleichen langen Beine staken heraus. Als die beiden Boote mit je zehn Personen besetzt sind, geht es los. Aber bevor wir auch nur das Paddel ins Wasser getaucht haben, spritzt der türkische Sporttyp uns nass. Die anderen Männer finden ihn toll, denn er ist irgendein Landessieger im Wildwasserfahren. Trotzdem. Papa findet ihn nicht toll und sieht ihn missbilligend an. Das Wasser ist eiskalt.

Wir sind mit den Booten noch immer in Ufernähe. Dann versucht der Sportfritze, Leute aus dem Boot zu ziehen und ins Wasser zu tauchen. Er packt eine junge Frau neben mir, döppt sie unter und zieht sie im gleichen Moment wieder hoch. Sie sieht super erschrocken aus und versucht sich am Boot festzuhalten. Ich strecke ihr die Hand hin und sie nimmt sie, aber der Sportfritze zieht sie hoch und hievt sie ins Boot zurück. Sie sieht total verwirrt aus.

Tolle Muskelkraft, aber ich habe absolut keine Lust dazu und funkele ihn wütend an, als er mit dem Nachbarboot direkt neben mir hält.

„Nicht schlagen", sagt er und zeigt auf mein Paddel. Ich habe gar nicht gemerkt, dass ich es aus dem Wasser gezogen habe. Er weicht zurück, wahrscheinlich brennt meine Mutter ihm zusätzlich mit ihrem Röntgenblick Löcher in die Schwimmweste.

Alle lachen. Na toll. Aber wenigstens bleibe ich im Boot. Stimmung machen ist hier das Geschäft. Die Touristen zum Lachen bringen, genauso wie Fotos machen.

Auf der anderen Seite der Stromschnellen, auf der Sandbank, stehen auch schon wieder drei Typen mit Kameras. Ich hoffe, dass sie keine Fotos machen, wenn wir umkippen. Obwohl die bestimmt lustig aussehen würden.

Schon wieder FOTOS. Heute Abend sehe ich IHN. In sieben Stunden sehe ich ihn.

„Los jetzt, alle paddeln. Los! Los!"

Wir fliegen über die Stromschnellen.

Das Boot setzt zweimal auf, wird wieder hochgerissen und knallt erneut auf das Wasser. Es ist toll. Ich genieße es total, als ich merke, dass das Boot zu groß ist, um einfach zu kentern. Das Wasser schäumt und spritzt. Manchmal schreit jemand aus unserem Boot, aber wir bleiben immer in der Mitte. Die Strömung ist gewaltig und wir rasen den Fluss herunter. Ich lache die ganze Zeit. Ich könnte ewig weiter paddeln.

Viel zu schnell ist die Fahrt zu Ende und das Restaurant kommt ins Blickfeld. Unser Bootsführer, ein älterer Typ, hilft uns aus dem Schlauchboot und zeigt uns, wo Kabinen zum Umziehen sind. Die anderen nehmen ihre Paddel und drängen Richtung Toiletten und Kabinen. Aber ich bleibe unschlüssig zurück und schaue auf den wilden grünen Fluss.

Ich muss einmal in dieses Wasser. Es umschließt mich eiskalt gurgelnd, als würde ich mich in einem sprudelnden Sektglas befinden, als ich untertauche. Die Strömung reißt an mir, deshalb tauche ich schnell wieder auf und gehe ans Ufer.

Wie die Klotüren sind auch die Umkleidekabinen total verzogen und Mama muss vor der Tür stehen, damit ich mir trockene Sachen anziehen kann. Ich habe einen Mordshunger.

Während wir warten, macht Ünal eine Koch-Show und zeigt uns, wie türkischer Salat zubereitet wird. Zum Glück dürfen wir probieren und ich nehme von allen Sachen zweimal. Ein lilafarbenes Gewürz wird herumgereicht.

„Das ist Sumac und wir nehmen es zu vielen Gerichten."

Dann gibt es Iman Bayildi, gefüllte Auberginen mit Hackfleisch oder mit Gemüse.

Und nach dem Essen gibt es dann auch wieder Fotos. Sie hängen an einer Pinwand und wir können uns welche aussuchen. Vom Wildwasserfahren. Von der Wanderung. Man kann sie einzeln kaufen und ich wähle ein Bild, auf dem wir alle in dem dicken Schlauchboot paddeln.

Im Bus setzen sich meine Eltern nach vorne. Sie bekommen nicht genug von Ünal und hängen an seinen Lippen, besonders jetzt, wo die anderen Touristen schlaff auf den Sitzen kleben und er anfängt, über Politik zu reden.

„Die Landbevölkerung ist in manchen Gebieten rückständig. Sie wollen Ärztinnen für ihre Töchter, aber zur Schule schicken wollen sie sie nicht. Wo sollen die Ärztinnen herkommen?"

Als sie anfangen, über die syrischen Flüchtlinge zu diskutieren, schalte ich ab und schaue aus dem Fenster.

Später fahren wir durch ein kleines Dorf. Die Gebäude stehen vereinzelt. Hühner und Ziegen laufen herum. Auf einem Balkon sitzt eine Frau auf einem Teppich. Ein älterer Mann liegt auf dem Boden, sein Kopf ist in ihren Schoß gebettet. Ein kleiner Hund liegt neben ihrem Bein.

Es geht bergab. Wir verlassen das Gebirge.

„Toller Mann, dieser Ünal", schwärmt meine Mutter, als wir wieder im Hotel sind.

„Ja, das Beste aus beiden Kulturen", stimmt mein Vater zu.

Ich verdrehe die Augen und gucke auf das Foto vom Rafting. Und wegen des Bildes denke ich wieder an Murat. Dass ich heute Abend zur Bude kommen soll.

Es ist schon spät, als wir zum Fotohäuschen gehen.

Innen brennt Licht, und ich kann Murat im Profil, wie er vor dem Computer sitzt, erkennen.

Ich muss grinsen.

„Hallo Schätzchen", haspelt er.

Das hörte sich komisch an. Hat er etwas getrunken?

„Hi", begrüße ich ihn und Hassan.

Murat holt eine Tüte, auf der Bilder von Ruinen und Strand abgebildet sind.

Darin sind das Fotobuch, eine Rolle für das Poster, CDs und die vergrößerten Fotos. Das Buch ist superschön. Ein dickes Buch aus Leder.

Innen sind die Fotos so richtig toll angeordnet und einige haben Farbrahmen. Manche nehmen eine Doppelseite in Anspruch, andere sind klein wie alte Dias. Jede Seite ist ein eigenes Kunstwerk.

Wunderschön.

„Es ist so toll", sage ich staunend.

„Es ist der Wahnsinn", stimmt Mama zu.

Sie öffnet die Rolle und schaut sich das Poster an.

Meine Augen schauen sich entgegen.

„Das ist ein Geschenk von mir", lächelt Murat.

„Danke."

„Sie kann alles von mir haben." Er sieht Mama an.

Hab ich das jetzt richtig verstanden?

Mama und ich schauen uns überrascht an.

„Äh, wie jetzt?"

Hassan räuspert sich.

„Wie war der Ausflug?", fragt er auf Deutsch.

„Gut. Wir sind Wildwasser gefahren."

Mamas Stirn glättet sich.

„Auf dem Köprülü?"

Der Wechsel der Sprache kommt mir gelegen. Endlich kann ich mal ein gesamtes Gespräch verstehen.

Murat kommt das anscheinend nicht gelegen. Er sieht fragend zwischen uns hin und her. Deutsch versteht er nicht.

Schließlich erbarmt sich Hassan und übersetzt es ihm.

„Ah, ich war auch mal mit Freunden fahren. Nachher tat mir der Arm weh und das Wasser war verdammt kalt", erzählt Murat auf Englisch.

„Ja. Das Wasser war echt kalt."

Mama wechselt mühelos zwischen Deutsch und Englisch und ich nicke zustimmend.

„Ein Fluss ist hier ganz in der Nähe. Wir könnten

auch einen Ausflug machen. Ich habe ein eigenes Auto", schlägt Murat vor. Er fährt sich mit der Hand durch die Haare und verstrubbelt sie noch mehr.

„Einen Ausflug?"

Mama sieht höchst irritiert aus.

„Ja, da ist ein sehr schöner Wasserfall. Du könntest noch deinen Mann mitbringen."

Mamas Augenbrauen wachsen zusammen. „Wieso?"

Weil er was mit mir machen möchte, antworte ich im Kopf.

„Dass solltet ihr auf jeden Fall machen. Es ist so ein schöner Ort. Leider werden dort hin keine Fahrten angeboten", sagt Hassan bekräftigend.

„Genau. Das müsst ihr sehen."

„Vielleicht", meint Mama.

„Warum denn nicht?", frage ich sie. Ich will was mit Murat machen.

Neben mir liegt noch ein Fotobuch. Es sieht fast so aus wie meines. Ich fange an, darin herumzublättern. Als ich begreife, was ich da sehe, schlage ich es überrascht zu.

Darin sind richtige Aktfotos von Frauen. Eine Frau kniet im Wasser. Sie hat die Augen geschlossen und den Mund halb geöffnet und streckt den Hintern nach oben. Paare, die halbnackt im Wasser sind und echt zur Sache gehen. Ein Mann presst sich von hinten an eine Frau und hält ihren Busen in den Händen. Ein lebender BH.

Mama hat sie auch gesehen.

„Die mache ich nicht. Ich mache nur Fotos mit Familien oder Beauty Shoots, oder Sport", sagt Murat schnell und nimmt mir sanft das Buch weg.

„Die mache ich. Aber die Saison fängt jetzt gerade an. Im Winter sind alte Menschen hier. Mich stört es nicht, wenn die Paare solche Sexfotos wollen – dann kriegen sie die von mir. Der Mensch braucht ja Sex. Jeder braucht Sex", sagt Hassan.

Murat zuckt bei jedem „Sex" zusammen.

„Ich meine ..."

Murat unterbricht ihn auf Türkisch. Er schneidet ihm mit den Händen das Wort ab.

„Kannst du mir kurz die Speicherkarte eures Fotoapparates bringen? Ich zieh euch eure Fotos noch darauf", sagt Murat nach einer kleinen Pause zu Mama.

„Ich glaub, das brauchen wir nicht. Oder Linda?", wehrt Mama ab.

„Das ist immer besser", mischt sich Hassan ein.„Falls der CD etwas zustößt im Koffer. Die auf dem Fughafen gehen nicht zimperlich mit dem Gepäck um!"

„Ja, das machen wir immer. Zur Absicherung. Du könntest den Apparat doch kurz holen. Das geht doch ganz schnell", sagt Murat zu Mama.

Sie zuckt mit den Schultern.

„Na gut, wenn es wichtig ist. Kommst du mit?"

Wenn ich hier bleibe, dann wird etwas passieren. Ich kann es fühlen. Will ich das?

„Ich warte hier", sage ich zu Mama und bleibe auf meinem Hocker sitzen.

Hassan verlässt direkt nach Mama die Hütte und lässt mich mit Murat alleine, der sofort fragt: „Du darfst wahrscheinlich nicht abends ausgehen, oder?"

„Nein, eher nicht. Vielleicht."

Ich hab es gewusst.

„Überhaupt ohne deine Eltern?", hakt er nach.

„Das schon. Nur am Abend nicht. Sonst schon ...", stelle ich klar.

„Vielleicht können wir mal was machen. In meinen Pausen." Er sieht angestrengt auf den Bildschirm des Computers.

„Was denn?", frage ich.

„Einfach am Strand spazieren gehen."

„Das wäre schön. Wann denn?"

„Wie wäre es mit jetzt?"

„Hm."

Ich schaue unschlüssig auf den Boden. Draußen ist es dunkel.

„Oder Morgen. In meiner Mittagspause. Du kannst davor noch einmal hierher kommen wegen der Zeit."

„Okay."

„Hat dich ein anderer Mann aus dem Hotel gefragt, ob du mit ihm etwas machen willst?"

„Nein, niemand."

Er entspannt sich merklich.

Es ist einen Moment lang still.

„Du musst aber nicht. Nur wenn du willst."

Er lächelt mich an und dreht sich von Computer weg in meine Richtung.

„Ich weiß. Ich möchte aber gerne."

Wir strahlen.

Mama kommt wieder.

Wird sie etwas dagegen haben? Ich bin plötzlich ganz aufgeregt. Wann soll ich es ihr erzählen? Jetzt – ich spiele mit offenen Karten!

„Mama?"

„Was denn?" Sie gibt Murat die Speicherkarte.

„Äh, wir hatten überlegt, morgen mal am Strand spazieren zu gehen", sagt Murat.

Er nimmt mir das Wort aus dem Mund.

„Was heißt wir?"

„Wir beiden."

Murat zeigt auf mich und auf sich.

Hassan kommt wieder und lehnt sich stumm an die Wand.

Mama schaut auf die Fotowand.

„Wie alt bist du eigentlich?", fragt sie, zum Glück freundlich.

„Ratet erst mal bei mir", unterbricht Hassan auf Deutsch.

„Mmmm ... 25?" Mama mustert ihn.

„Ich sag 26", schätze ich.

„Richtig. Ich bin 26."

Hassan zwirbelt an seinem Goldkettchen.

„Und du? 12 oder schon 13? "

Er wiederholt seine Schätzung auf Englisch.

Murat sieht ihn verstört an.

„Quatsch!", sage ich laut.

Ich weiß nicht, ob ich lachen oder mich ärgern soll.

„Und jetzt ratet ihr mein Alter", sagt Murat mit einem Lächeln.

„18 oder 19", sagt Mama.

Murat schüttelt den Kopf.

„19 oder 20", rate ich.

„Nicht ganz. Ich bin 22 Jahre alt."

Ich hoffe, ich hab mich verhört.

„22?"

Er nickt.

Oh nein, was habe ich angestellt?

Ich gucke zu meiner Mutter, die scharf einatmet.

„Ich werde immer jünger geschätzt." Er verzieht das Gesicht.

Als er weiterspricht, verstehe ich nur Banane.

„Bananen?", unterbreche ich.

„Er hat versucht, zuzunehmen."

„Mit Bananen?"

„Ja", erklärt Mama ungeduldig.

„Als ich 15 war, dachten alle, ich wäre erst 12", fährt Murat fort und lächelt meine Mutter an.

„Zweiundzwanzig. Ah ja, okay. Ich bin zwar keine amerikanische Mutter, aber eins muss ich noch sagen: Wenn etwas passiert, dann hat das Folgen", lächelt Mama ausdruckslos.

„Verstehe ich", sagt Murat ernst.

„Mit ihm wird ihr bestimmt nichts passieren", unterstützt ihn Hassan.

„Wir können Barbecue machen. Mit meinen Eltern", sagt Murat wieder auf Englisch.

„Barbecue, super. Wir sind Vegetarier", sagt Mama.

„Ah. Soll ich dann Fisch oder Hühnchen für euch

machen?" fragt Murat hastig. Er kaut nervös an seinen Fingernägeln. Und will gerade weitersprechen, als Hassan ihn auf Türkisch unterbricht.

Murat gibt Mama die Speicherkarte.

„Die Fotos werden gelöscht!" Mama guckt beide Fotografen an. „Alle. Ich will nicht, dass hier irgendwo Bikinifotos von meiner Tochter auftauchen."

Oh je, jetzt klingt es wieder so, als wäre ich zwölf.

„Nicht einmal ein Foto für mich? Eins nur", Murat grinst sie an und zwinkert. Als sie nichts erwidert, sagt er schnell: „Alles wird gelöscht. Du erinnerst mich an meine Mutter."

Ich gucke irritiert hin und her. Hassan nickt bekräftigend. „Ja, das stimmt. Wirklich. Da gibt es Ähnlichkeiten."

Meine Mutter hat sich wieder gefangen und sagt trocken: „Ja, aber wahrscheinlich ist deine Mutter eine sehr nette Person." Sie sagt es auf Deutsch und Englisch.

Murat ist verwirrt und sieht sie dann erschrocken an. „Bist du eine harte Person? Sehr streng?"

Wieder mischt Hassan sich ein und er und Mama sprechen Deutsch. Ich kann dem ganzen Gerede nicht mehr folgen und denke nur noch, dass ich morgen mit Murat spazieren gehen werde.

Wir werden am Strand spazieren gehen.

Als wir zum Hotelgebäude zurückgehen, ist es stockfinster. Papa liegt auf dem Bett und dampft ab.

„Die Sauna war Klasse. Die müsst ihr probieren. Zeig mir mal die Fotos, Linda."

Er setzt sich auf und nimmt das Fotobuch. Euphorisch laufe ich im Zimmer auf und ab.

„Die sind doch sehr schön. Richtig gut", lobt Papa.

Wenn Mama ja gesagt hat, wird Papa nichts anderes

sagen, oder? Ich erkläre ihm die Lage. Ich wusste vorher gar nicht, wie cool mein Papa ist.

„Natürlich gehst du hin, Linda. Du musst dir ein bisschen Spaß gönnen. Wir können dir Marie doch nicht ersetzen. Und ab nächste Woche musst du schuften, Kleine. Also lauf noch ein bisschen am Strand herum. Aber pass auf, dass du dir keinen Sonnenbrand holst."

Mama steht immer noch neben der Tür und guckt immer noch skeptisch. Also nehme ich schnell Purz und sage mit verstellter Piepsstimme: „Linda braucht ein bisschen Spaß. Sie ist so lieb. So brav. Und muss so viel arbeiten nächste Woche. Du darfst nicht zu streng sein."

Mama lacht. Meiner Stofftierstimme kann sie nicht widerstehen.

Nachts kann ich kaum schlafen. Er war nicht betrunken. Schätzchen, das Wort hat er gelernt. Für mich. Wahrscheinlich von Hassan. Es ist so ein typisches Hassan-Wort.

Ich denke an morgen und bin so froh und nervös. Es ist zwar schon spät, aber ich muss trotzdem Marie schreiben.

„Ich habe ein Date. Der heißt Murat ☺."

„Wirklich? Wann? Wo? Wie sieht er aus?"

„Also er ist Türke. Schwarze Haare, klein, dünn und unglaublich süß."

„Keine Muskeln? Keinen Schmuck? Also genau dein Typ."

„☺ Genau!!!!"

„Wie alt?"

Die gefürchtete Frage.

„22 Jahre alt."

„Bisschen zu alt?!"

First Date

Am nächsten Morgen ist es wolkig. Der Himmel ist total grau, als wir zum Frühstück gehen.

„Könnte regnen", sagt Papa und wirft einen kritischen Blick nach oben.

Ich kann einfach nichts essen. Es geht nicht. Mein Croissant liegt unangetastet auf meinem Teller. Die ganzen Gerüche vom englischen Frühstück steigen mir in die Nase.

Mir ist übel vor Aufregung.

„Komm schon, Linda. Du musst doch etwas essen", sagt Mama.

Ich versuche angestrengt, nicht das Gesicht zu verziehen, als ich in das Croissant beiße. Mama soll nicht unbedingt mitkriegen, dass ich mich wohl in nächster Zeit übergeben werde. Wenn sie wüsste, wie es mir geht, würde sie mich bestimmt nicht gehen lassen.

„Können wir gehen? Ins Zimmer?", frage ich.

„Ich bin noch nicht fertig."

Papa guckt mich erstaunt an. „Es gibt hier ganz erstaunliche Marmeladen. Erdbeeren und Granatäpfel gemischt. Die muss ich probieren. Und dieses Lokum, das ist ein besonderes Gelee mit Puderzucker."

„Ich will mir noch Obst holen. Für dich auch, Linchen?", fragt Mama.

Ich schüttele den Kopf.

„Dann trinke wenigstens etwas", ordnet Mama an.

Ich stehe auf, um mir einen Früchtetee zu holen. Ein Kellner geht an mir vorbei und grinst mich an. Dann fixiert er mich und schiebt seine Zunge langsam in den rechten Mundwinkel. Eklig. Wie eine Eidechse. Wie kann man nur um acht Uhr morgens schon so widerlich sein? Ätzend.

Allerdings sind die Kellner supernett mit den Kleinkindern. Ein Mitarbeiter schiebt gerade einen Kinderwagen hin und her, damit die Mutter frühstücken kann, während ihr Mann das andere Kind mit Erdbeeren füttert. Ein anderer Kellner bringt ihnen Kaffee und Brötchen an den Tisch.

Anders als in Deutschland scheinen sie nicht genervt zu sein, dass die Kurzen herumbrüllen oder die Tische zukleckern.

„Ich geh schon mal. Ich möchte zur Toilette."

Papa gibt mir die Karte, mit der ich in unser Zimmer kann. Ich muss mich abschirmen von all den Blicken. Zum Glück muss ich nicht an der Fotobude vorbei.

Im Zimmer ist es kühl und nicht so hell.

Einen Moment lang fühl ich mich besser und mit einem Seufzer falle ich aufs Bett. Ich darf mich nicht verrückt machen. Alles ist gut. Um mich abzulenken, greife ich zu meinem Buch. Vergessen sind Übelkeit und mein Date, es gibt nur noch Karoline, die Hauptperson, und ihren Freund Kai.

Jedenfalls für eine gewisse Zeit. Meine Eltern kommen wieder. Meine Mutter lässt sich neben mich aufs Bett fallen.

„Bist du aufgeregt? Sehr?"

„Es geht schon."

Mein Magen hebt und senkt sich wieder.

„Denkst du, dass ich jetzt zu ihm gehen sollte? Wegen der Zeit?"

„Nein. So früh sind die bestimmt noch nicht da."

Also warte ich noch zwanzig Minuten und gehe dann mit klopfenden Herzen zu Murat.

„Hi, wie geht es dir?", fragt er lächelnd.

„Gut. Dir?" Ich bleibe unschlüssig in der Tür stehen.

„Alles in Ordnung. Wir können uns um zwölf Uhr treffen. Vorher muss ich hier nämlich noch essen."

Er schiebt mir einen Hocker hin.

Auf dem Computer lächele ich mir entgegen.

„Nur, du müsstest aber ein Stück alleine gehen. Ich warte etwas weiter hinten auf dich, weil, wenn uns jemand vom Hotel sieht, würde ich Probleme kriegen. Ist das okay?"

„Äh, ja. Das ist okay."

Hoffentlich wird das nicht kompliziert, ich sehe mich schon stundenlang durch die Gegend laufen und verzweifelt nach ihm Ausschau halten.

„Du gehst einfach auf die Promenade und dann nach links. Verstehst du? Ab zwölf Uhr warte ich auf dich."

Er zeigt nach links und beginnt mit den Armen zu rudern.

„Ja, Ja. Ich verstehe das", sage ich hastig.

„Gut ...", er sieht wieder auf den Bildschirm.

„Musst du eigentlich jetzt arbeiten?", frage ich, als er wieder RaveZ anstellt.

„Nein. Sind ja keine Kunden da."

Ich fühl mich unwohl. Jeder kann durch die riesigen Glassteile des Häuschens schauen und die Tür steht offen.

Murat sieht mich immer wieder von der Seite an und lächelt mit seinem schönen Lächeln. Immer wieder, als müsste er sich vergewissern, dass ich wirklich da bin und dass ich glücklich bin. Aus seinen Augen kommt dann Licht und lässt das ganze Gesicht leuchten. Immer, wenn ich sein Strahlen auffange, muss ich auch lächeln.

Plötzlich wünschte ich, ich hätte auch so ein Licht, das ich ihm zeigen könnte.

Ich habe nicht gerade Minderwertigkeitskomplexe, ich halte mich für hübsch und relativ schlau, aber was findet er an mir? Auf Englisch höre ich mich dumm und langweilig an. Ich kriege kaum einen vernünftigen Satz heraus und stammele furchtbar herum. Ich habe keine Erfahrung mit Jungen und mit mir wird er, solange es nach mir geht, keinen Sex haben. Ich werde ihn mal fragen, irgendwann.

Wir unterhalten uns noch ein bisschen.

„Stehst du auf RaveZ?"

„Ja. Die sind klasse", antwortet Murat.

„Stimmt. Meine Lieblingsband", grinse ich, „sind die hier in der Türkei bekannt?"

„Nein, fast niemand kennt sie. Obwohl sie so cool sind", fährt er fort, „und bei dir?"

„Auch nicht besonders. Nur Marie und ich sind Fans."

„Marie? Freundin oder Schwester?"

„Beste Freundin. Ich habe keine Geschwister. Hast du welche?", frage ich.

„Ja, zwei. Eine kleine Schwester und eine sechzehnjährige Schwester."

Bald gehe ich zum Zimmer, mich plagt wieder eine Nervosität und ich spüre ein Ziehen im Magen.

Wieso ist er bloß schon 22?

Papa genießt den Urlaub. Ich hoffe nur, dass er nicht als Einziger ins Hallenbad geht und wenigstens einige Omas da sind, damit nicht das ganze Personal nur für ihn putzen muss.

„Warum gehst du nicht in den Pool?", frage ich, als er tropfend ins Zimmer kommt.

„Weil ich Bahnen schwimmen will. Ich will mir keinen Sonnenbrand holen und aussehen wie Krebsfleisch."

Ich muss lachen. Es ist wirklich unglaublich, dass Leute, die knallrosa verbrannt sind, sich trotzdem an den Pool legen.

Ich trete auf den kleinen Balkon und sehe zum Himmel.

„Heute holst du dir bestimmt keinen Sonnenbrand", sage ich. Mein Handy liegt noch unter dem Kopfkissen und ich schreibe Marie.

„Bin aufgeregt. Gleich geht es los. Was soll ich nur mit ihm reden?"

„Das schaffst du locker. Rede einfach drauf los."

„Vielleicht regnet es. Dann fällt es aus."

„Regen??? Hier regnet es. Seit Tagen. Ist es kalt?"

„Nein. Wie bei uns im Sommer. Warm und regnerisch."

„Ich drücke die Daumen."

Mama überredet mich, mit ihr spazieren zu gehen. Auf der Promenade sind wir ziemlich allein. Nur ein paar Jogger sind unterwegs und weiter hinten die üblichen Händler. Wahrscheinlich fängt es wirklich gleich an zu regnen.

„Was soll ich bloß sagen? Worüber sollen wir reden?"

„Mach dir keinen Stress. Stell ihm Fragen, dann musst du nicht so viel reden. Jungs mögen es, im Mittelpunkt zu stehen – oder soll ich sagen: Männer?", antwortet Mama.

„Nein, sollst du nicht."

„Linda, ich möchte, dass du mit ihm in der Öffentlichkeit bleibst. Nur auf der Promenade und am Strand. Nicht in die Nebensträßchen und nicht in ein Café. Okay?"

„Die Nebensträßchen und die Cafés sind Öffentlichkeiten. Aber ja, okay. Glaubst du denn im Ernst, es könnte etwas passieren?", frage ich besorgt.

Meine Bauchschmerzen flammen auf.

„Wenn du dich dran hältst und nicht in sein Auto steigst, dann nicht. Es ist alles in Ordnung. Willst du denn wirklich gehen, Linda, oder ...?"

„Ja, sicher will ich gehen", unterbreche ich sie schnell.

Als wir zur Hotelanlage kommen, steht Hassan davor und raucht. Er spricht uns an. Weiß er davon? Er grinst mich an. Natürlich.

„Willst du auch eine Zigarette?“, fragt er Mama nach dem üblichen Smalltalk.

„Nein, danke. Nein“.

„Man darf keine Steine aus der Türkei mitnehmen, habt ihr das gewusst?“ Er grinst mich an. „Also versteck keine Muscheln und Ruinensteine in deinem Koffer.“

Er behandelt mich wie ein Kind, vielleicht zu Recht. Ich weiß es nicht.

Ich verdrehe die Augen, als er auf Mamas Frage, wo in Deutschland er gelebt hätte, antwortete, dass er noch nie da war. Aber unbedingt hin will. Zu Verwandten nach Berlin. Aber man braucht viel Geld und eine Einladung, um das Visum zu bekommen. Aber der Onkel wollte ihn nicht einladen und das, obwohl er der Sohn seines Bruders ist. Jetzt würden die Familien nicht mehr miteinander sprechen.

Dich würde ich auch nicht einladen, denke ich. Ich habe keine Lust, mir sein Gequatsche anzuhören und schlendere zum Pool. Die Poolbar besteht aus drei runden Häuschen mit Schilfdächern. Um die Theken herum verläuft die Bar. Auch hier stehen wieder viele Kellner.

Warum trägt hier eigentlich niemand eine Brille? Oder lange Haare? Oder irgendetwas, wodurch man sie auseinander halten kann?

Außerdem hat niemand einen Bart, anders als bei den Türken in Köln. Ob sie sich rasieren müssen? Sie sind wie eine Wand aus schwarzen Hosen, weißen Hemden und schwarzen Haaren.

Eine richtige Konfirmationsmafia!, denke ich böse.

Auf den hohen bunten Hockern kleben drei Frauen und trinken Cocktails. Obwohl es noch früh ist, tragen sie Schmuck und Schminke. Sie lachen sehr laut, und eine wirft immer ihre Haare hin und her. Sie beugt sich über die Theke, den Kellnern entgegen. Sie hat sich ein übergroßes geblümtes Tuch umgewickelt. Wenn es der Wind aufbläht, sieht sie wie ein exotischer Riesenvogel aus. Als ein Kellner ihr ein neues Glas hinstellt, lehnt sie sich wieder nach vorne, ihm entgegen.

Mir ist schlecht und ich habe Angst, zu brechen. In meinem Kopf male ich mir immer wieder aus, wie es sein könnte. Die ganze Palette von „wir sind schrecklich verliebt" bis hin zu „er ist ein blödes Schwein".

Der Himmel ist dunkel. Hoffentlich fängt es nicht jetzt an, zu regnen. Ich gehe wieder vor das Hotel. Wieso kommt Mama denn nicht? Es sind nur noch zehn Minuten! Ich will noch mal mit ihr sprechen. Mama steht immer noch auf der Promenade und raucht nun doch mit Hassan.

Dann sehe ich Murat und schrecke zurück.

Er steht etwas abseits und raucht nicht. Er guckt mich an und sieht etwas verwirrt aus.

„Mama!", flüstere ich vorwurfsvoll, „du wolltest noch mal kommen!"

Ich setze mich auf die Mauer und binde mir die Schuhe zu. Was kann ich sagen? Ich muss mir überlegen, worüber ich reden kann. Wieso spricht er kein Deutsch, verflucht!

„Wollt ihr los?", fordert Mama uns auf.

Aus dem Plan, sich abseits der Anlage zu treffen, wird wohl nichts. Murat nickt.

Mama gibt mir einen 5 Euro-Schein. „Viel Spaß."

Hassan ruft ihm etwas auf Türkisch hinterher und lacht, dann noch auf Deutsch: „Pass gut auf die Kleine auf."

Wir gehen schnell los. Richtig schnell. Erst schweigend.

„Stört es dich, wenn ich rauche?", fragt Murat mich.

„Nein." Was soll ich auch sagen?

Im Hotel darf man wohl nicht rauchen, deshalb stehen die Kellner also immer davor.

Er zündet sich eine Zigarette an und pfeift sie sich so schnell hinein, dass er in weniger als einer Minute fertig ist. Danach ist er entspannter.

„So, also, wenn wir eine Beziehung haben wollen, dann müssen wir sehr vorsichtig sein. Ich mag dich gerne und möchte etwas Richtiges."

Hab ich mich verhört?

„Weißt du, die meisten Jungen, die hier sind, wollen nur Sex. Nur Sex. Ich suche aber etwas anderes, eine Freundin."

Er lächelt mich an.

„Ach ja?"

Ich bin mir nicht so sicher, ob das normal ist. Mit Smalltalk hat der Junge es wohl nicht. Wir schweigen einen Moment.

„Komm her. Es ist besser so."

Er bietet mir seinen Arm an und ich hake mich zögernd bei ihm ein.

„Ich hatte schon öfter Touristenfreundinnen. Aber immer haben sie aufgehört zu schreiben. Es ist wichtig Kontakt zu halten. Und ganz ehrlich zu sein. Wenn wir Kontakt halten, dann können wir eine Beziehung haben. Und uns richtig kennen lernen."

„Können wir an den Strand gehen?", unterbreche ich ihn.

„Willst du?", fragt er erstaunt.

„Ja."

Wir gehen eine Treppe herunter und laufen an der Meereskante weiter. Über dem Meer ist der Himmel hellgrau, aber in der anderen Richtung hinter den Hotels ziehen dunkle Wolken auf.

Die Hotelanlagen sind riesig. Hochhäuser ragen wie Zähne aus dem Grün ihrer Parks. An einigen Gebäuden hängen Wasserrutschen wie dicke gelbe Schläuche.

„Wie weit geht die Promenade?", frage ich, nur um etwas zu sagen. Ich zeige auf den Weg.

„Bis nach Side."

„Und da?"

Ich deute in die andere Richtung. „Belek."

Er löst unsere Verknotung und legt mir einen Arm um die Taille.

„So ist es besser. Wärmer."

Es geht mir zu schnell. Viel zu schnell.

„Du magst mich – oder?"

„Ja – aber ich möchte es langsam angehen", ich höre mich fast flehend an.

„Sicher, ganz langsam."

Er lächelt. Ich merke, wie er meine Kurve fühlt.

„Siehst du die Wassersporthütte? Da habe ich früher gearbeitet."

„Da?"

Die Hütte steht nah am Meer und ein Mann steht davor. Sie unterhalten sich kurz auf Türkisch undbegrüßen sich, wie ich es schon bei anderen Männern beobachtet habe. Sie umarmen sich und ich denke, sie machen es wie die Franzosen und küssen sich, aber sie berühren sich nur mit den Schläfen.

Dann gehen wir weiter.

„Hattest du schon mal einen Freund?", fragt er mich.

„Eigentlich nicht. Nur ganz kleine Sachen."

Der Wind bläst mir die Haare ins Gesicht.

„Blödes Wetter."

„Aber ich mag dieses Wetter. Ich mag Wind", sage ich.

„Du magst Wind", wiederholt er.

Einen Moment gehen wir einfach schweigend nebeneinander her.

Er küsst mich auf die Wange und strahlt. Ich bin völlig verwirrt, lächele ihn kurz an, schaue dann aber in die andere Richtung, um ihm zu signalisieren, dass er mich nicht auf den Mund küssen soll. Mein Haar schützt mich. Es hat sehr viele Vorteile, dicke Locken zu haben.

„Streich mal deine Haare aus dem Gesicht", sagt er lächelnd. „Du bist noch sehr jung."

„Wie man sieht", antworte ich leise und streiche mir die Locken so aus dem Gesicht, dass sie sofort wieder zurück flattern.

„Meine erste Freundin war 15. Ich war 18. Sie kam aus Dänemark. Sie wollte, dass ich mit ihr schlafe. Aber ich habe es nicht gemacht, das wäre nicht in Ordnung gewesen. Nicht mit 15. Ich würde auch nicht mit dir schlafen."

„Das würde ich auch nicht wollen", werfe ich schnell ein.

„Sie hat etwas mit anderen angefangen. Ich habe immer wieder gesagt, dass es nicht gut ist und für mich nicht okay wäre, wenn sie was mit anderen macht. Sie hat immer gesagt: Ich bin jung, Murat, lass mich."

Er erzählt mir, dass sie irgendwann mit einem Mann aus Ankara in die Disco gefahren ist. Und sie haben getrunken. Und Sex gehabt. Und sie ist schwanger geworden und zurück nach Dänemark gefahren. Sie wollte das Kind nicht. Sie hat das Kind zu Adoption freigegeben. Und später ist sie zurückgekommen und wollte wieder eine Beziehung mit Murat.

„Aber das ging nicht. Ich mochte sie so gerne. Ich wollte sie später heiraten. Aber dann nicht mehr."

„Das ist eine traurige Geschichte", sage ich.

Wenn ich das alles richtig verstanden habe, ist das eine schockierende Geschichte. Ich drehe die englischen Worte im Kopf herum. Pregnant. Abortion. Adoption. Die totale Horrorstory!

„Ja."

Seine Stirn hat sich in Falten gelegt und er sieht sehr ernst aus.

„Mach nichts mit anderen Jungen. Das ist nicht gut. Macht dich nicht glücklich. Wenn du einen festen Partner hast, ist er für dich da. Sie hat nun viele verschiedene Jungs gehabt, die wollen sie nur für Sex. Jeder weiß das, sie führt ein sehr schlechtes Leben. Sie ist wieder hier."

„Hier?"

„Ja, hier in Side. Sie kann viele Sprachen und arbeitet deswegen in einem Hotel."

Ich sehe in die Luft und versuche, klar im Kopf zu werden. Wieso erzählt er mir das?

Der Wind reißt an meinem Haaren. Der Strand ist völlig leer.

„Wollen wir zurückgehen?" Er atmet laut aus.

Ich nicke.

„Okay. Würdest du große Probleme kriegen, wenn uns jemand sieht?"

„Ja."

Wir gehen auf die Promenade zurück und dann Richtung Hotel.

„Warum bist du bloß erst 14?" Er seufzt.

„Ich werde im Juni 15", sage ich.

„Wirklich? An welchem?" Sein Gesicht leuchtet.

„Am 6."

„Ich habe am 11. Juni Geburtstag. In der gleichen Woche."

Toll, er ist nicht nur 22, sondern wird auch noch bald 23.

Jetzt nimmt er meine Hand und verschränkt sie mit seiner. Seine Hand ist warm und nicht viel größer als meine. Sie passen perfekt ineinander.

Wir gehen ein Stück, aber dann bleibe ich stehen.

„Ich muss dich mal was fragen."

„Was denn?", er lächelt ermutigend.

„Ich weiß, dass ist eine blöde Frage ..." Ich gucke auf das Wasser.

„Frag!"

„Ähm."

Murat muss lachen. Wieder lacht er mit seinem ganzen Gesicht, selbst die Stirn und die Ohren lachen mit.

„Was findest du an mir? Ich habe kaum Erfahrung, kann nicht so gut Englisch. Du kennst mich kaum", stottere ich.

„Ich mag deinen Typ von Mädchen. Du bist schüchtern. So süß. Du hattest noch nicht viele Jungs, du bist so ... rein. Deine Augen. Clear Eyes. Crystal Eyes. Verstehst du?"

Er küsst mich wieder auf die Wange.

„Ja." Ich strahle ihn an.

Er ist so süß. Dass er mich mag, unglaublich.

Ich fasse vorsichtig nach den Ärmeln seines Jacketts. Es ist das vom Fotoshoot. Der Cord ist ganz weich vom Waschen und Tragen. Fast wie Samt. Es ist taubenblau und hat schöne Knöpfe.

„Ist dir kalt?"

„Nein, eigentlich nicht."

Er zieht mich näher zu sich. „Wir müssen uns kennen lernen, verstehst du. Wenn du in Deutschland bist, schreiben wir. Ich hoffe, dass du in Deutschland keinen Jungen findest. Dann kommst du wieder. Ich hatte eine Freundin, die schon im Herbst aufgehört hat, zu schreiben. Aber im nächsten Sommer kam sie wieder und wollte mit mir zusammen sein. Das geht nicht. Verstehst du – wir müssen Kontakt halten."

Ich nicke.

Warum wiederholt er alles? Vielleicht denkt er, dass ich auf Englisch nichts mitkriege?

„Vielleicht mit facebook? Hast du facebook?"

„Nein."

Ich wünschte plötzlich, dass ich es hätte.

„Nein? Warum nicht?"

Ich zucke mit den Schultern.

„Vielleicht kann ich dir facebook einrichten. Bei facebook gibst du einfach meinen Namen ein und dann kannst du mich finden. Was ist mein Name?"

„Dein Name?", frage ich schockiert. Mein Hirn funktioniert nicht. Sein Name klingt doch so ähnlich wie Nugat.

„Äh, Murat."

„Genau", sagt er erleichtert.

„Murat Özdemir."

„Den gebe ich dann ein."

„Ja. Du heißt Lindah, richtig? So ausgesprochen?"

„Linda."

Wir gehen ein Stück.

„Warum bist du nur 14? Du bist so nett. So süß. Perfekt. Aber ich wünschte, du wärst 17 oder 18." Er lächelt mich an. „Soft and sweet."

Als wir wieder in die Nähe des Hotels kommen, sieht er sich um. Aber die Wolken hängen so tief, dass kaum jemand draußen ist. Selbst die Besitzer der Cafés und Restaurants stehen nicht vor ihren Läden.

„Sehe ich dich morgen?", frage ich.

„Ja, aber du kannst auch nachher noch mal zur Fotobude kommen. Versuch deine Eltern zu dem Ausflug zu überreden."

„Wirklich? Warum denn?"

„Mach es, bitte. Das ist besser."

„Okay."

Kurz vor dem Hotel lässt er mich los. Er streicht mir sanft die Haare aus dem Gesicht.

„Good by, Sweety. I see you soon."

Ich nicke.

Er geht etwas vor. Dann beschleunigt er seinen Schritt. Ich trödele herum und gucke auf das Meer und gehe dann langsam hinterher.

Vor dem Eingang stehen wieder einige Kellner und rauchen hastig. Die ersten Tropfen fallen. Ich laufe schnell vor ihnen weg zu unserem Gebäude.

Meine Eltern sind noch im Zimmer. Papa kommt aus der Dusche und rubbelt sich die Haare trocken, als ich hereinkomme. Sie sind noch nicht zum Mittagessen gegangen.

„Regnet es schon?", fragt er.

„Noch nicht, aber es ist windig und noch wolkiger."

„Ich hatte eine super Massage für den Nacken. Feuchte Eukalyptustücher. Ein Traum. Das solltest du auch probieren, Linchen. Es riecht toll."

Nach Hustenbonbons im Schulbus.

„Vielleicht."

„Und, wie war es?", fragt Mama.

„Gut. Ich glaube, wir sind jetzt sowas wie ein Paar."

So sicher bin ich mir dessen aber nicht.

„Das meinst du nicht ernst, Linda!"

In den Augen meiner Mutter taucht etwas Besorgniserregendes auf.

„Ich weiß nicht."

Ich lasse mich neben sie aufs Bett fallen. Der Zauber des Spaziergangs ist vergangen.

„Was hat er gesagt?"

„Nichts."

„Nichts! Linda, du kannst nicht seine Freundin sein! Ihr könnt nicht zusammen sein! Das ist nicht dein Ernst."

„Warum denn nicht?", frage ich kleinlaut.

Ich kann mir die Antwort schon denken.

„Weil du 14 bist und er 22. Außerdem – willst du wirklich, dass ich dir alle Gründe aufzähle?"

„Pssst, leise. Jetzt rede doch leise, willst du, dass es jemand mitkriegt?"

Ich denke an die blöde Nachbarsfamilie und hoffe nur, dass keiner im Nebenzimmer ist.

Meine Mutter schüttelt wütend den Kopf. „Genau, deshalb nicht. Weil es niemand hören darf. Muss ich noch mehr sagen?!"

„Nein."

Ich habe ein richtig komisches Gefühl, am liebsten würde ich die Decke über den Kopf ziehen, aber ich gehe trotzdem mit zum Essen.

Zwei Kellner stehen am Salatbuffet und unterhalten sich. Immer wieder schauen sie zu unserem Tisch herüber. Gucken sie mich an? Worüber reden sie? Wissen sie Bescheid? Ich fühle mich unwohl mit den Kellnern und hätte es am liebsten schnell hinter mich gebracht. Wieso braucht Papa so ewig beim Essen?

Danach lege ich mich auf mein Bett und stelle das Fernsehen an. Zum Glück gibt es reichlich deutsche Sender. Dann schnappe ich mir mein Buch. Für die nächsten Stunden versinke ich der Geschichte und höre mit einem Ohr, wie Bart Simpson einen Klassenraum abfackelt.

„War es toll? Habt ihr euch geküsst? Schreib schon ☺."

„War ganz schön. Auf die Wange."

Ich bring es nicht fertig, mehr zu schreiben.

Etwas später gehe ich noch mal zu Murats Bude. Er schiebt mir den Hocker hin und ich setzte mich inmitten seines strahlenden Lächelns.

Sofort ist alles wieder da, es ergibt wieder einen Sinn, warum ich das mache.

Murat stellt Musik an.

„Das ist ein türkisches Liebeslied. Ein Liebeslied, verstehst du?", fragt er mich sanft.

„Sicher, ich verstehe das." Ich lächele zurück.

Murat schießt weitere Fotos von meinem Gesicht und bearbeitet sie auf dem Computer. Er schaut mich genau an. Millimeter für Millimeter.

Murat lässt meine Fehler verschwinden. Die leichte Sonnenallergie auf der Stirn, die winzigen Muttermale. Ich sehe aus wie ein Bild. Nicht wie ich, überhaupt nicht – einfach wie eine Frau aus einem Katalog.

Nur leise denke ich an Mamas Warnung, ihn keine weiteren Fotos von mir machen zu lassen.

„Soll ich dir die auch auf den Fotoapparat ziehen?", fragt Murat.

„Nein, ich mag die nicht. Ich mag nicht, wie ich darauf aussehe."

Er grinst. „Komm schon. Du siehst süß aus."

Ich lächele und schüttele den Kopf.

Es ist eine schöne Zeit. Wir hören Musik, tun so, als

wären wir ganz normale Verliebte und würden nicht gerade etwas Verbotenes machen.

„Wir können über facebook Kontakt halten und nächsten Sommer kommst du wieder. Dann bist du schon 16 Jahre."

Ich sehe aus dem Fenster.

„Ich kann dich auch im Winter besuchen kommen. Das ist zwar schwierig mit dem Visum, aber irgendwie wird das schon gehen. Dann können wir uns sehen. Du wohnst in Köln, oder? Hat Köln einen Flughafen?"

„Ja, schon."

„Dann komme ich da an."

Murat hat den Kopf voller Pläne. Nach Deutschland kommen, meint er das ernst?

„Das wäre schön. Wunderschön."

„Und ich muss deine Sprache lernen." Er fragt mich, was „to kiss" auf Deutsch heißt.

„Küssen."

„Kissen?"

„Nein, Küssen."

„Kiss. Kissen. Kühsen?"

Ich lache.

Ich genieße jeden Augenblick. Trotzdem glaube ich nicht, dass er mich je besuchen kommen wird.

Als ich ins Zimmer zurückkomme, ist die Hölle los. Meine Eltern quetschen alles Wichtige aus mir heraus und führen mit mir ein Krisengespräch von der übelsten Sorte. Mir wird schlecht und ich muss beinah weinen. Mama sagt immer, Murat wäre schon 23.

„22, Mama, erst 22."

„Ach, quatsch doch nicht. Und was heißt hier erst?"

Sie macht auch Papa immer ein Jahr älter, wenn sie auf ihn sauer ist.

Schließlich erklären Mama und Papa sich doch bereit den Ausflug mit Murat zu machen. Ich schreibe an Marie. Ich vermisse sie gerade besonders.

„Hi, machen mit Murat einen Ausflug. Wir, meine Eltern und ich. Verrückt oder? Haben uns wegen ihm gezofft. Ich glaub, es gibt gleich Runde zwei. Hilfe! Muss Schluss machen, Mama läuft heiß."

„Du schaffst das schon."

Während wir drinnen streiten, tobt draußen ein Gewitter. Es passt gut zu unserer Stimmung. Und wenigstens kann man uns nicht im Nachbarzimmer belauschen.

Als der Regen aufhört, laufe ich noch einmal zur Bude. Es sind nur wenige Touristen draußen und Blumenduft schlägt mir entgegen. Es ist so schwül, unglaublich, dass Murat noch seine Jacke tragen kann. Er freut sich, mich zu sehen und lächelt sein strahlendes Lächeln.

Ich spreche mit ihm und wir verabreden gleich die Fahrt zu den Wasserfällen für morgen.

„Und du willst das wirklich?", frage ich unsicher. Ich weiß nicht, wie er und ich das überstehen sollen.

„Natürlich. Ich muss doch deine Eltern kennen lernen", lächelt Murat. Ihm scheint das sehr wichtig zu sein.

Ich weiß, dass manche türkischen Mädchen in Köln mit ihren Brüdern oder Eltern ausgehen, aber er ist doch männlich und außerdem erwachsen. Und ich habe in diesem Urlaub sowieso schon die dreifache Elternration und keine Lust, etwas zu viert zu machen.

First Kiss

Abends ist die Luft wieder mild. Meine Eltern wollen noch zur Poolbar, aber ich bleibe im Zimmer. Ich lese und lasse dabei wieder den Fernseher laufen. Ich nicke kurz weg, werde aber vom Türgeklapper der Nachbarn wach. Die schon wieder.

Im Bad merke ich, dass ich meine Tage kriege. Warum jetzt? Ich habe noch über eine Woche Zeit und deshalb auch nichts eingepackt. Ich stopfe mir Toilettenpapier in die Unterhose. Hoffentlich reicht das. Ich will nicht das weiße Bett versauen.

Nebenan höre ich die Mädchen im Bad lachen.

Am nächsten Morgen habe ich fast so üble Bauchschmerzen wie am vorigen. Vielleicht kriege ich ein Magengeschwür, oder kann man das erst ab fünfzig bekommen?

Wieder kriege ich keinen Bissen herunter und beobachte misstrauisch die Kellner. Die wissen es doch alle, wir haben zu laut gesprochen. Schauen sie zu mir? Angst durchfährt mich wie ein Blitz und lässt meine Bauchschmerzen aufflammen.

Ich leide unter Verfolgungswahn.

Am liebsten würde ich gar nicht mehr im Pavillon essen, aber das kann ich meinem Vater nicht antun, der sich jedes Mal auf das Buffet freut und uns jedes Mal neue Köstlichkeiten anbietet. Wodurch die Mahlzeiten sich noch mehr hinziehen.

Das Paar mit den beiden Kleinkindern ist da und der Kellner bietet sich wieder an, das Baby zu versorgen. Als es anfängt, zu weinen, nimmt er es aus dem Kinderwagen und trägt es herum, bis es sich beruhigt.

Zum Glück ist der Eidechsenkellner nicht da.

Ich schaue auf die Tischdecke und male mit dem Finger geheime Zeichen.

In dem kleinen Laden im Nachbargebäude verkaufen sie außer den Postkarten und den Keramikschälchen auch Sonnenmilch, Süßigkeiten und Binden. Wenigstens das.

Das Schlimmste erfahre ich dann im Zimmer. Mein Vater will mit Murat sprechen. Oh Gott! Er will ihm wirklich so eine Standpauke halten, wie die das in amerikanischen Filmen immer machen.

Hilfe, will Murat danach noch etwas mit mir zu tun haben?

Ich würde das an seiner Stelle nicht wollen. Immer wieder rede ich auf meine Eltern ein, es nützt nichts. Ich bin verzweifelt und schreibe Marie.

„Bin völlig fertig. Papa will mit Murat reden."

„Was? Warum? Versuch es ihm auszureden!"

Als ich das nicht schaffe, beschließe ich, mitzugehen, vielleicht kann ich was gerade biegen. Ich wünschte wenigstens, Mama würde mit ihm reden, die kennt sich wenigstens aus. Und Murat ist ihr nicht unbekannt. Außerdem kann sie besser Englisch.

Wir gehen zweimal vergeblich zur Hütte, es ist niemand da. Immer atme ich auf.

Doch beim dritten Mal sitzen sie in der Bude. Murat und Hassan. Meine Kehle schnürt sich zu. Ich schaffe es gerade noch, „Hallo" zu sagen.

Mein Vater ist locker, er macht erst einmal eine hübsche Überleitung.

„Das Fotoalbum ist wirklich toll geworden. Wirklich ganz toll."

Hassan steht auf und schiebt mir den Hocker hin. Er lehnt sich gegen die Wand und grinst. Er weiß, was jetzt kommt und schaut so, als würde er einen lustigen Film sehen. Er hätte nur noch Popkorn gebraucht. Während er und Papa stehen bleiben, sitzen ich und Murat und müssen zu beiden hochschauen.

Mein Gesicht macht bestimmt Mamas Augenbrauen Konkurrenz. Ich finde das alles überhaupt nicht witzig.

Dann legt Papa los:

„Linda hat uns etwas von eurem Gespräch erzählt. Da sind einige Sachen, die ich mit dir besprechen muss."

Murat nickt und wirft mir ein kleines Lächeln zu.

„Erst einmal werden keine Fotos mehr gemacht und die vorhandenen werden gelöscht."

„Ja. Die löschen sich nach einer Woche von ganz alleine", sagt Murat schnell.

Hassan nickt bekräftigend und grinst.

„Gut. Das mit Facebook geht auch nicht. Vielleicht kann Linda das von zuhause aus einrichten, aber hier geht das nicht", fährt Papa ruhig fort.

„Der wichtigste Punkt ist aber das mit den Besuchen. In Deutschland ist das hier ..."

Er sieht zwischen Murat und mir hin und her. Wahrscheinlich überlegt er, was das hier ist, so langsam spricht er.

„Es ist wie in der Türkei verboten. Wir können dich nicht einladen, wir bekommen alle eine Strafe. Es ist gegen das Gesetz. Verboten."

Ich sterbe. Murat will bestimmt nichts mehr mit mir machen. Doch zu meiner Überraschung nickt er freundlich und nimmt es cool.

Hat er alles verstanden?

„Mit einer Beziehung ist das sehr schwierig. Linda ist zu jung und du zu alt. Es geht nicht."

Wieso spricht Papa so laut?

„Scht, leiser!", fauche ich, als zwei Kellner vorbeikommen.

Murat und Hassan sehen sich überrascht und belustigt an.

„Willst du trotzdem einen Ausflug machen?", fragt Papa leiser und sieht Murat an.

Bitte, lieber Gott lass mich nicht im Stich.

„Ja natürlich. Wir treffen uns in zirka einer Stunde an der Straße."

Er und Papa schütteln sich zum Schluss die Hände. Murat lächelt mich an und mir fällt ein Stein vom Herzen. Er ist nicht böse und er mag mich noch.

„Bis später."

Wir gehen zum Zimmer. Papa hat es echt gut gemacht.

Mein Handy fiept:

„Und???"

„Überstanden. Er will trotzdem noch etwas mit mir machen und hat es volley genommen, ich kann es einfach nicht glauben ☺ ☺ , obwohl Papa das echt cool gelöst hat."

„☺ Glück gehabt!!!! Schick mir mal ein Foto von ihm."

„Du hast das böse F-Wort gesagt. Foto ist Mamas Reizwort. Es geht hier echt ab."

„Hör auf dich zu beschweren. Ich häng immer noch zu Hause rum."

„Sorry, ich bin ein verwöhntes Blag."

„Ja, aber dafür liebe ich dich. ☺ "

„☺ "

Eine Stunde später warten wir abseits vom Hotel auf Murat. Die Sonne knallt erbarmungslos auf uns herunter und ich wette, ich habe eine knallrote Birne.

Papa schmökert in seinem Reiseführer und liest uns immer wieder Passagen daraus vor, während Mama meine Aufregung teilt und mir mitleidige Blicke zuwirft.

„Manavgat ist ein interessanter hübscher Ort am Fluss dieser Region. Der Wasserfall, obgleich nicht so hoch wie der Düden-Wasserfall, gibt durch die Wassermenge ein stattliches Bild ab."

Nach drei Lektionen Türkei kommt Murat endlich. Er hat ein weißes Auto. Fast alle Einheimischen haben eins in Weiß, das liegt an der Hitze, erklärt Murat.

„Ich bin etwas krank."

Er sieht wirklich nicht besonders gesund aus, stelle ich fest. Wir fahren ein Stück. Ich sitze vorne neben ihm und meine Eltern hinten.

Murat lächelt mich kurz an.

„Wie lange werden wir brauchen?", frage ich, als wir an eine Kreuzung kommen.

„Nicht sehr lange", antwortet er.

Meine Eltern und er kommen richtig ins Gespräch, während ich nur dabei sitze und gerade mal zwei Drittel verstehe. Es geht hoch her. Murat erzählt, dass er sich bald ein neues Auto kaufen will. Dass man auf ein weißes Auto manchmal warten muss. Er redet über die Verträge und über die Kosten. Er fragt, welches Auto wir fahren und ob man in Deutschland eine Klimaanlage im Auto braucht. Er sieht Papa an und fragt nach den Versicherungen.

Mama und ich tauschen einen amüsierten Blick.

„Was arbeitet ihr in Deutschland?", fragt Murat.

„Ich bin Ausbilder für ein großes Unternehmen. So eine Art Lehrer. Für Technik und Maschinenbau. Nur für Ältere", sagt Papa.

„Ich arbeite im Krankenhaus. Aber im Büro."

Murat sieht sie fragend an.

„Mit Papieren, nicht mit den Kranken."

Murat nickt und grinst mich an.

„Und, willst du das auch mal machen?"

„Nein. Lieber nicht", sage ich. Die Berufe meiner Eltern sind so langweilig.

„Hier macht man meist den Beruf des Vaters. Oder den von Verwandten", erklärt Murat.

„Wie hast du das Fotografieren gelernt?", fragt Mama.

Murat erzählt, dass er bei einem Cousin angefangen hat. „Aber der hat mich wie ein Kind behandelt, obwohl er nur sechs Jahre älter ist." Er sieht Mama an und wiederholt den Satz. „Ich bin kein Kind. Und deshalb musste ich mir einen anderen Job suchen. Mit ihm in einem Hotel konnte ich es nicht aushalten. Ich habe dann Wassersport gemacht. Erst oben am Fluss und dann am Meer."

Er ist süß. Wenn ihm etwas wichtig ist, wiederholt er es immer, das ist mir schon beim ersten Mal aufgefallen.

„Was machst du im Winter? Auch Fotos?", fragt mein Vater.

„Da ist viel frei. Ich fotografiere Hochzeiten. Türkische Hochzeiten sind groß. Im Winter sind viele Rentner hier. Die bleiben länger. Aber die wollen keine Fotos. Ich mag den Sommer nicht. Es ist zu heiß und ich muss sehr viel arbeiten um genug Geld zu verdienen. Ich arbeite das ganze Jahr, aber im Sommer bis spät abends. Bis Mitternacht manchmal. In den drei Sommermonaten verdienen wir hier das meiste Geld."

Dann erzählt Murat von seiner Familie. Von seiner kleinen Schwester, die erst elf ist und Elefanten liebt. „Sie sammelt Bilder von Elefanten. Besonders Postkarten. Und Stofftiere."

Murat hat auch eine sechszehnjährige Schwester. Sie soll eine gute Stelle bekommen und er unterstützt sie. Ich verstehe nicht alles, aber ich denke, sie soll bei einer Bank oder Versicherung arbeiten. Irgendetwas mit Zahlen.

„Es ist gut, zu arbeiten", sagt er ernst, „und wichtig, in der Schule mitzumachen. Gute Noten zu machen."

Er zitiert ein türkisches Sprichwort. Auf Türkisch hört er sich total fremd an. Er übersetzt es dann für uns. „Die Stunden, die du arbeitest, kann dir niemand nehmen – sie werden niemals grau."

Ich verdrehe innerlich die Augen, als meine Mutter nickt.

„Meine Schwester soll nicht mit Jungen herumlaufen. Und ausgehen. Das kann sie später machen. Sie hatte eine Freundin, die das macht. Die ist jetzt nicht mehr in der Schule. Und hat kaum Freundinnen. Ich habe meiner Schwester auch verboten, sich mit ihr zu treffen. Einmal hat sie es aber trotzdem gemacht und ich musste richtig ärgerlich werden."

Mein Vater guckt irritiert.

Dann beginnt er, Murat mit Fragen über die Türkei zu löchern und nutzt ihn als seinen privaten Reiseführer.

Schon sind wir da. Es ist ein richtiger Touristenplatz. Es steht eine Fotobude da und viele Verkäufer bieten ihre Waren an. Murat schafft es, dass er umsonst hinein kommt, wir bezahlen aber lieber für uns.

Murat zeigt auf die Fotobude. Das Gerät ist ein richtiger Turm.

„So einen bekommen wir auch nächste Woche. Für den Sommer. Dann können wir mehr Aufträge pro Tag schaffen."

Die Wasserfälle sind nicht so hoch, wie ich sie mir vorgestellt habe, aber trotzdem noch imposant. Vielleicht nur fünf oder sechs Meter. Der Fluss ist sehr breit. Er hat eine unglaubliche Schnelligkeit und weiße Gischt schwimmt auf dem Wasser.

„Einer meiner Freunde ist hier mal schwimmen gegangen, nachher musste die Feuerwehr ihn rausziehen", erzählt Murat uns.

„Er ist in das Wasser gegangen?", fragt Mama erstaunt.

„Das machen viele, nur er konnte nicht so gut schwimmen."

„Kannst du gut schwimmen?", fragt Mama.

„Na ja, ich hab es mir selbst beigebracht. Ich musste doch Leute beim Wassersport fotografieren. Und oft auch mithelfen, sie wieder in das Boot zu ziehen."

Wir machen vor dem Fall noch ein paar Fotos, auch von mir und Murat. Mit unserer Klick-Kamera. Murat hält sich an Papas Worte und hat seine Kamera nicht dabei. Er kommt mir sehr gehetzt vor. Als Mama uns fotografiert, traut er sich nicht einmal, den Arm richtig um mich zu legen. Und er schaut kaum einmal in meine Richtung. Was ist nur los?

Als er ein Foto von unserer Familie macht, hebt er die Kamera über den Kopf, um ein gutes Bild zu bekommen.

Wir gehen noch ein bisschen an der Strömung entlang, doch Murat bleibt immer in der Nähe meiner Eltern. Ich hatte eigentlich gedacht, dass der Ausflug so laufen würde, dass wir irgendwo zusammen hinfahren und dann getrennte Wege gehen. Dass ich Zeit mit ihm verbringe, während meine Eltern im Reiseführer blättern und spazieren gehen.

Schon nach kurzer Zeit fragt Murat, ob wir jetzt weiterfahren. „Ich möchte mit euch zu der Stelle fahren, wo der Fluss herkommt."

Wir sind zwar gerade eine halbe Stunde hier. Trotzdem willigen wir ein.

Diesmal fahren wir etwas länger. Murat unterhält meine Eltern und beachtet mich wenig.

Vorne in der Ablage liegen Speichersticks, zwei CDs und ein Buch. Und darunter ist eine Zigarettenpackung versteckt.

Manchmal schaue ich ihn von der Seite an.

Er hat schöne Klamotten an. Seinen tollen Cordblazer, ein passendes Hemd und eine gut sitzende dunkelblaue Jeans. Zum Niederknien.

Die meiste Zeit schaue ich aus dem Fenster und lausche mit halben Ohren dem Gespräch. Draußen wachsen Pinien und Zedern und die Straße schlängelt sich langsam hoch. Murat erzählt von seiner Militärausbildung in Zypern. Er erzählt, dass er die erste Zeit sehr viel Heimweh gehabt hat.

„Das war eine lange Zeit. Meine Freunde waren nicht da. Die ersten drei Monate habe ich abends im Bett geweint. Später wurde es besser. Ich habe Autofahren gelernt und viele Fahrten für den General gemacht. Ich habe seine Kinder hin- und hergefahren. Mit Linksverkehr, wie in England. Zypern ist schön, aber viele Hotels sind verfallen."

„Ist der türkische Militärdienst so schlimm?", fragt Mama.

„Ja. War er. Früher war er sehr hart. Jetzt ist er kürzer. Auf jeden Fall waren die ersten Monate schlimm. Ohne Familie. Ohne Freunde. Es war sehr schlimm in Zypern. Hölle. Cyprus Hell", wiederholt er.

„Bei uns ist der Militärdienst freiwillig", erklärt Papa. „Sie geben viele Vergünstigungen, damit die Jugendlichen das wählen. Man kann eine Ausbildung machen oder studieren."

„Jungen und Mädchen!", wirft Mama ein.

Murat guckt fragend, aber Papa nickt.

„Willst du das auch machen?", fragt er mich.

„Nein."

Er hat abends im Bett geweint. Ich schaue aus dem Fenster und lächele. Das macht ihn noch süßer.

Wir fahren in ein abgesperrtes Gebiet. Murat muss sein Pass vorzeigen. Es ist eine sehr bergige Landschaft und man kann nicht weit gucken. Plötzlich tauchen zwei riesige Betonrutschen an einem Bergabhang auf. Zwischen zwei Bergen ist eine riesige Betonwand.

„Dahinter ist der Stausee, wo wir hinfahren."

„Was ist das?" Ich deute auf die Rutschen.

„Wenn der See zu voll ist, kann dadurch Wasser abgeleitet werden."

Das Auto schlängelt sich eine kleine Straße hoch. Wir kommen an einem Parkplatz nah der Betonwand heraus. Es ist windig und der Himmel ist nicht so blau wie am Strand.

Wir gehen auf eine Plattform. Eine Schulklasse kommt uns entgegen. Es sind fast nur Jungs, die gelangweilte Gesichter haben.

Das Wasser ist dreckig und sieht nicht einladend aus. Meine Mutter fasst meinen Vater am Arm und zieht ihn zu einem Geländer auf der anderen Seite.

Nun sind wir ganz alleine.

Murat stellt sich neben mich. Hat er überhaupt Interesse?

Er macht mehr mit meinen Eltern als mit mir. Vielleicht sucht er Familienanschluss. Oder er will alles über Deutschland erfahren, so wie meine Eltern alles über die Türkei wissen möchten. Papa würde am liebsten jeden Stein umdrehen und noch zu den Leuten in die Wohnung gehen und in ihre Töpfe gucken.

„Da möchte ich nicht reinspringen. Es ist so dreckig", sage ich.

Murat hustet. Er sieht müde aus.

„Wie gefällt es dir in der Türkei?"

„Es ist ganz anders."

Er guckt mich ernst an.

Ich krame in meinem Englischwortschatz.

„Sehr schön. Wild. Gewaltig." Ich zeige auf die Bergekulisse. „Es gefällt mir. Gut."

Wir sind still. Er sieht mich weiter an.

„Ich wünschte, ich müsste nie mehr weg", sage ich.

Ich schaue auf das Wasser.

Endlich hat er wieder sein Strahlen. „Warum?"

Wegen dir, du Hohlkopf!

Ich mache einen Rückzieher. „Ich möchte nicht in den Alltag zurück. Ich möchte hier bleiben."

Wir sind einen Moment still.

„Rauchst du eigentlich viel?"

„Nein", sagt er reflexartig, ohne darüber nachzudenken.

Nach einer Weile gehen wir zurück zu meinen Eltern. Auf seinen Impuls hin.

Auf dem Weg zum Auto erzählt er meinen Eltern, dass ich gesagt hätte, dass ich nie wieder zurück nach Deutschland will.

Meine Mutter sieht mich scharf an. „Das hast du gesagt?"

Ich zucke die Achseln und erwidere nichts.

„Und, wie findet ihr es hier? Ihr seid doch viel gereist. Wie findet ihr es hier?", fragt Murat.

„Schön ist es hier. Meer und Berge so nah zusammen", antwortet Papa.

„Außer der Zeit beim Militär habe ich immer hier gelebt. Meine Familie hat ein kleines Ferienhaus in den Bergen, da sind meine Eltern im Sommer, wenn es an der Küste zu heiß wird. Meine Freunde wollen, dass ich sie in Istanbul besuche. Aber was soll ich da? Im Winter? Der Winter ist kalt in Istanbul. Und gerade dann ist es schön, an der Küste zu leben. Alle meine Verwandten leben hier."

„Wohnst du bei deinen Eltern?", fragt meine Mutter.

Murat sieht sie erstaunt an. „Ja. Sicher. Es ist ein großes Haus. Und es gehört der Familie. Später gehört es mir. Ich kümmere mich um meine kleinen Schwestern. Aber ich möchte eine eigene Familie. Ich will heiraten. Bald werde ich schon 25."

Fünfundzwanzig? Was soll das heißen? Ist das ein Verfallsdatum?

Papa nickt. „Es ist sicher schön im Winter am Meer zu sein."

„Viele Deutsche leben hier. Oder bleiben den ganzen Winter. Ganz viele", sagt Murat und lächelt meine Eltern sanft an.

Als wir den Berg hinunterfahren, stupst Mama mich an. „Anschnallen!"

Aber ich tue so, als ob ich sie nicht gehört hätte. Ich bin nicht das Baby im Auto und keiner ist angeschnallt.

Murat unterhält sich wieder angeregt mit Papa, der froh ist, seine gesammelten Fragen über die Türkei und die Politik loszuwerden. Meistens verstehe ich nichts und gucke aus dem Fenster. Draußen ist die Gebirgslandschaft karg, aber toll. Einmal sehe ich drei magere Ziegen im Geäst stehen.

Weiter unten lichtet sich der Nebel und die Sonne scheint mir ins Gesicht. Als ich blinzele, reicht Murat mir ohne ein Wort seine Sonnenbrille. Wie viele Augen hat er? Denn er guckt auf die Straße und redet mit meinen Eltern über Erdogan.

Als wir nach Manavgat hineinkommen, fährt er zu einer Tankstelle. Ich warte darauf, dass er aussteigt. Ein Mann kommt zum Wagen und redet mit Murat auf Türkisch. Dann beginnt der Mann, den Wagen aufzutanken.

„Personal? So was will ich in Deutschland auch", sagt Mama überrascht.

„Muss man das etwa in Deutschland selber machen?", fragt Murat lächelnd.

„Der Grund, warum ich Tanken hasse. Die Gerüche vor allem."

„Eines der Sachen, die in der Türkei einfach besser sind." Sein Lächeln wird breiter.

„Wir geben dir Spritgeld", sagt Papa.

„Nein, das möchte ich nicht."

„Doch, das sollten wir aber", stimmt auch Mama ein.

„Nein!"

Und wirklich, er nimmt die zehn Euro nicht. Papa und Mama tauschen Blicke, die ich nicht deuten kann. Wir fahren weiter und Murat fragt, in welche Art von Restaurant wir gehen wollen.

„Mc Donald?" Er sieht mich lächelnd von der Seite an.

„Such du aus, aber wir wollen vegetarisch essen. Jedenfalls wir beide. Ohne Fleisch", sagt Mama.

Murat nickt. Das Stadtbild ist ganz normal. Viele Leute, die einkaufen. Mädchengruppen. Mütter und Töchter. Anders als in Köln tragen die meisten türkischen Frauen keine Kopftücher.

„Sind die Geschäfte immer auf? Auch sonntags?", fragt Papa.

„Immer. Sonntags kaufen die meisten ein. Da haben viele frei. Zeit zum Einkaufen und für die Familie. Und für die Freunde."

Wir fahren auf einen Restaurantparkplatz am Rand der Straße.

„Isst du im Hotel?", fragt Papa.

„Ja, aber die Angestellten haben ein eigenes Essen. Nichts von euerm Buffet. Nur ein Gericht. Manchmal ist es gut, aber manchmal ..." Er verzieht das Gesicht.

Papa sieht ihm mitleidig an, er legt großen Wert auf gutes Essen. Deswegen kocht er auch bei uns.

„Aber dann kann ich bei meinem Freund essen. Der hat es gut. Er hat eine holländische Freundin. Die kann jetzt schon richtig gut türkisch kochen. Die wohnt seit einem Jahr hier." Murat fuchtelt mit den Händen und strahlt über das ganze Gesicht. „Sie ist hier geblieben. Wegen ihm. Sie wohnen zusammen. Sie spricht schon Türkisch und kocht für ihn. Bald werden sie heiraten. Im November, wenn die Touristen weg sind, dann gibt es ein großes Fest. Ich mache die Fotos."

Meine Mutter verzieht das Gesicht. „Und du, kannst du kochen?"

„Äh ...", er sieht etwas verwirrt aus.

„Tee und Barbecue. Ich grille für euch, wenn wir uns treffen."

Die Bedienung kommt. Tatsächlich mal eine Frau, und Murat bestellt auf Türkisch. Er wirkt viel älter. Ich werde unangenehm daran erinnert, dass ich ihn kaum kenne. Ich sitze an der Fensterseite neben ihm, meinem Papa gegenüber. Murat ist lockerer als am Anfang und lächelt öfter.

Das Essen kommt.

Ich weiß nicht, wie ich das alles in mich hineinkriegen soll. Ich habe eine Pide, eine ovale Riesenpizza mit Tomaten und Gemüse, vor mir stehen und keinen Platz dafür. Ich bin zu voll, zu erfüllt von all dem. Die erste Zeit rede ich fast gar nicht, ich versuche nur, an Papa meine Pizza loszuwerden. Murat sieht mich immer öfter an und strahlt dann übers ganze Gesicht.

„Du isst sehr langsam. Wirklich sehr langsam!", sagt er endlich. „Ist das wegen mir?"

Ich sehe ihn überrascht an.

„Nein."

Er schaut wieder auf seinen Teller, aber grinst immer noch. Dann zeigt er auf die grünen Blätter, die in der Mitte stehen, und zeigt uns, wie wir sie essen sollen.

„Ihr müsst ein bisschen Türkisch lernen. Dankeschön heißt tesekkür ederim."

Er schaut mich erwartungsvoll an und ich wiederhole das Wort. Er verbessert mich und ich probiere es noch einmal. „Tesekkür ederim."

Meine Eltern haspeln herum, so wie er auf dem Wort Schätzchen.

„Wenn du etwas nicht verstehst, fragst du: Efendim?"

Ich sehe ihn an und wiederhole das Wort.

Er lächelt und nickt.

„Lyi günler – Guten Tag, evet – ja", spricht Murat mir vor.

„Linda, ist es nicht ein bisschen so, als würdest du mit drei Verwandten was machen?", fragt Mama auf Deutsch und lacht. Ich nicke und fange an zu kichern. Eigentlich ist das, was sie gesagt hat, ja nicht wirklich komisch, aber diese Situation ist so absurd. Ich kann mich nicht mehr halten.

„Was?", fragt Murat nervös.

„Nichts." Ich unterdrücke ein hysterisches Kichern.

„Kommt schon. Sagt es mir. Ich möchte das auch wissen." Er lächelt unsicher.

„Kann ich es ihm sagen?", fragt Mama auf Deutsch.

„Klar."

Was soll er schon machen? Nachdem Mama übersetzt hat, fragt er mich: „Ist das hier langweilig für dich?"

„Na ja, ein bisschen schon", gebe ich zu.

Ist er jetzt verletzt?

Schnell sage ich: „Eigentlich ist es aber doch ganz nett." Eine glatte Lüge.

Murat und mein Eltern reden noch ein bisschen. Er fragt Papa, ob er einen Tee möchte. „Zum Abschluss des Essens. Tee wird immer gereicht."

„Nein, aber kann ich hier mit Euro zahlen?"

„Überall hier kann man mit Euro zahlen", sagt Murat und winkt der Kellnerin. Die Bedienung bringt vier Spieße mit Obst und ein Kästchen mit der Rechnung.

„Komm, wir gehen schon mal vor zum Auto", sagt Murat unvermittelt zu mir.

Es zieht sich kurz alles vor Schreck in mir zusammen, was kommt jetzt? Ich nicke und laufe ihm zum Auto nach. Noch einmal tief Luft holen und dann in das überhitzte Auto steigen. Sofort nimmt er meine Hand und drückt sie fest. Er sieht mich an und seine Augen sagen: Wir gehören immer noch zusammen, ich mache das hier für dich – für uns – es ist alles in Ordnung. Ich bin so erleichtert.

„Okay?", fragt er leise.

„Ja."

Er lässt meine Hand schnell los, als meine Eltern kommen. Ich muss irgendetwas machen. Als er den Motor startet, streiche ich unauffällig mit meinem Finger über seine Hand, die auf der Gangschaltung liegt. Er strahlt mich überrascht an. Zu meinem Erstaunen fahren wir nicht ins Hotel.

„Wir fahren jetzt zum Strand. Dort, wo die Ausflugsschiffe abfahren und der Fluss ins Meer fließt. Es wird euch gefallen."

Wir fahren eine schöne Strecke und Murat zeigt uns einen Platz, wo die Einheimischen grillen.

„Hier können wir das Barbecue machen. Der Platz liegt schön im Schatten und danach kann man ans Meer."

Ich muss ihm heute sagen, dass wir abfahren, denke ich. Wir fahren direkt auf den Strand, vorbei an zwei Duschen. Auf der einen Seite liegt der Fluss. Zwei Ausflugsboote sind verankert. Weiter hinten fließt der Fluss ins Meer. Sie sehen schön aus, weiße Boote mit zwei Etagen. Oben auf dem Deck steht eine Familie und schaut ins Wasser. Daneben liegt ein kleines Schiff aus verwittertem Holz.

Auf der anderen Seite leuchtet das Meer. Es ist so blau und rein. Das perfekte Blau. Der perfekte Platz.

„Ich schwimme hier. Im Sommer. Nicht jetzt. I don't like cold water."

Wir parken mit Blick auf den Strand. Und endlich kann man auch mal in verschiedene Richtung gehen.

Aus den Augenwinkeln sehe ich, dass Mama Papa Richtung Fluss zieht und auf die Boote zeigt. Murat und ich gehen in die andere Richtung.

Meine Füße sinken im Sand ein und es ist anstrengend, zu gehen. Murat hakt sich bei mir ein und drängt sich nah an mich. Ich weiß, was jetzt kommt.

„Gefällt dir der Platz?", fragt er lächelnd.

„Er ist wunderschön. Das Meer ist so blau – so klar."

Ich sehe ihn an und wir bleiben stehen. Murat lächelt sein strahlendes Murat-Lächeln. Unglaublich.

Ich spüre, wie er die Arme um mich legt. Dann küsst er mich. Seine Lippen treffen hart und gleichzeitig weich auf meine. Obwohl ich damit gerechnet habe, bin ich überrascht.

Ich erwidere seinen Kuss, es ist sehr schön, aber sehr, sehr fremd. Kurz spüre ich seine Zunge in meinem Mund.

Ich küsse ihn sanft auf den Hals und er vergräbt den Kopf in meiner Halsbeuge, es kommt mir noch näher und noch intensiver vor. Murat zieht mich eng an sich und sein Atem streift warm meine Haut. Ich halte mich an den Ärmeln seines Jacketts fest. Ich fühle mich etwas hilflos und wünsche, ich hätte mehr Erfahrung. Trotzdem genieße ich es. Es ist mein erster Kuss. Ich hatte mir das ganz anders vorgestellt. Es ist zwar genauso schön, nur anders.

Ich bin ganz wackelig auf den Beinen, als wir nach kurzer Zeit zurückgehen.

„Ist das für deine Eltern okay, wenn ich dich küsse?"

Was für eine merkwürdige Frage. Wenn ich jetzt nein sagen würde, würde er es dann lassen?

„Äh, ich denke, dass geht in Ordnung", antworte ich.

„Gut."

Im Auto setzt Murat wieder einen sorgenvollen Blick auf, statt mich weiter zu küssen.

„Magst du mich – wirklich? Richtig?", fragt er ernst.

„Ja."

Ich dachte, das wäre klar.

„Gut. Ich mag dich auch. Sehr. Ich mag dich sehr."

Nach einer kleinen Pause fährt er fort: „Mach in Deutschland nichts mit anderen Jungen, wenn du mich wirklich magst. Ich suche nicht nur eine Freundin. Ich bin bereit, jemanden zu lieben und auch vielleicht zu heiraten. Ich wünsche mir eine Partnerin, mit der ich zusammenbleiben kann. Jemand, der für mich da ist und für den ich da sein kann. Ich suche Liebe. Ich kann auf dich warten. Du bist 14, ich verstehe das."

Er sieht mich an. „Weißt du, was Liebe ist?"

Ich weiß nicht, was ich sagen soll, also schüttele ich nur leicht den Kopf. Ich bin total verwirrt. Wieso sagt er so etwas? Wie kann er das nur sagen? Liegt das am Englisch? Meint er das ernst? Würde er mir das auch auf Türkisch sagen? Ich gucke auf meine Hände um seinem Blick nicht zu begegnen.

„Wieso bist du bloß erst 14?"

Wir schweigen.

„Du bist jünger als meine Schwester. Sag mal, wie lange gehst du eigentlich noch zur Schule? Drei Jahre?"

„Ähm, eher vier."

„Oh. Die Untergrenze liegt für mich eigentlich bei

16, höchstens. Eher 17 Jahre. Als ich dich in deinem Kleid gesehen habe, dachte ich, dass du 17 bist. Und gewünscht habe ich mir, dass du schon bald 18 wirst."

Er guckt zum Meer. Wir schweigen einen Moment, dann sagt er plötzlich: „Du bist wirklich sehr jung. Ich liebe dich. Ich will mit dir zusammen sein. Aber es gibt so viele Hindernisse. Verstehst du das?" Er sieht mich kurz an und guckt dann wieder auf das Wasser. „Ich finde aber, wir sollten es trotzdem versuchen", fügt er hinzu und streichelt meine Hand.

„Da ist ein weiteres", sage ich stockend. „Wir fahren am Montag."

„Was?" Er reißt den Kopf herum und starrt mich schockiert an. „Diesen Montag. Du fährst diesen Montag! Der Tag nach morgen?"

„Äh, ja."

„Oh, damn shit!"

Ich fühle mich so mies. Wieso habe ich es nicht früher gesagt? Zum Glück kommen meine Eltern in diesem Moment. Ist er jetzt sauer? Oh, bitte nicht. Ich weiß, bei einem Streit könnte ich es nicht mit ihm aufnehmen.

Sein Kiefer ist angespannt. Murat fährt los und spielt weiter den Fremdenführer. Wir fahren wieder an dem Barbecueplatz vorbei und er sieht starr geradeaus. Dann atmet er hörbar aus. Er gibt mir wieder seine Sonnenbrille, sieht kurz zu mir und lächelt mich an. Er ist nicht schlimm sauer. Ich bin so erleichtert, dass ich weinen könnte. Ich will ihn umarmen und ihn ganz fest drücken. Das mache ich aber nicht, ich nehme nur die Sonnenbrille und lächele auch. Es wäre ihm vor meinen Eltern unangenehm. Es ist wieder okay, denke ich.

Als wir uns verabschieden, verabreden wir uns an der Bude.

Meine Eltern bedanken sich bei ihm für den Ausflug, als wir vorne an der Straße aussteigen.

Realitäten

Mein Vater geht sofort zum Kaffeetrinken und will mich überreden, danach mit ihm in den Pool zu gehen.

„Na, wie wäre es, Linchen? Können wir uns noch fünfzehn Minuten Sonne gönnen?"

„Nein, jetzt nicht."

Ich will nur ins Zimmer. Hoffentlich treffen wir die Nachbarfamilie nicht.

Papa geht Schwimmen. Er ist der Einzige, der weiterhin Urlaub macht. Auch meine Mutter geht nie an den Pool. Da sind viel zu viele Angestellte. Wie ich versteckt sie sich oft im Zimmer. Oder sitzt auf dem Balkon. Liest in ihrem Buch, ohne vorwärts zu kommen. Ich gehe ins Nebenzimmer und stelle den Fernseher an. Es läuft gerade SpongeBob. Ich zucke zusammen, als ich die Nachbarfamilie durch die Wand höre. Zum Glück verstehe ich sie nicht.

Dann fängt das jüngere Mädchen an, zu singen. Sie imitiert Rihanna und arbeitet sich laut durch den ganzen Song. "We found love in a hopeless place." Ich muss grinsen und stelle mir vor, wie sie mit einer Bürste vor dem Spiegel steht. Sie singt sehr laut und übertönt sogar den Fernseher. "Umbrella, come under my umbrella -a-a-a-a-a ..." Müsste es nicht weitergehen? Aber die Kleine zieht eine endlos Schleife: a-a-a. Dann ist es ruhig. Keine Puste mehr.

Schon bald gehe ich zur Fotobude. Ich könnte den Weg im Schlaf laufen. Ich gehe einfach dem Orangenduft hinterher und folge dem kleinen Kiesweg. Als Hassan mich sieht, macht er sofort die Biege. Das geht ihm wohl auf die Nerven. Murat empfängt mich mit einem Lächeln und ich setze mich auf den Hocker neben ihm.

„Hey Baby."

Er zeigt mir seine Facebookseite. Damit ich ihn finden kann in Deutschland. Er hat dort einige Fotos von sich. Ich glaube, die stammen von seiner Militärausbildung in Zypern. Auf einem hat Murat ein Gewehr und zielt auf die Kamera. Er hat dort noch ganz kurze Haare, irgendwie süß.

„Meine Haare, findest du sie kurz oder lang besser?"

„So wie sie jetzt sind", sage ich nach einem prüfenden Blick. Ich gebe ihm meine Handynummer und mein Emailadresse. „Kann ich deine Sonnenbrille ...?" Ich angele sie mir und setze sie auf.

„Glaubst du, deine Eltern mögen mich?"

„Ja, die finden dich nett. Sehr nett."

„Wirklich?"

„Ja." Ich weiß, dass das wahr ist.

„Gut."

„Aber für sie ist das mit dem Alter ein Problem."

„Mmh, und für dich?"

„Nicht", lüge ich.

Er sieht mich lächelnd an.

„Ich möchte dich küssen!"

Ich grinse überrascht und sehe ihm in die Augen, dann schnell weg. Er ist ja so süß!

Plötzlich kommt ein Kellner vorbei.

„Setz die Sonnenbrille ab", sagt Murat mit einer ungewohnten Schärfe.

Ich reagiere sofort. Kurz bin ich verschreckt.

Murat sieht wieder auf den Bildschirm und nickt mir dann beruhigend zu. Er tippt einige Zeilen ein. Mein Blick bleibt an seinen Händen hängen. Plötzlich fällt mir auf, dass seine Fingernägel abgekaut sind.

„Wow", entfährt es mir.

Ich greife nach seiner Hand, die er mir bereitwillig gibt. Ich drehe sie um und schaue seine Nägel an.

„Nein. Nicht gucken." Er entzieht mir schnell seine Hand und lächelt verlegen.

„Warum nicht?" Ich strahle ihn an. Ich bin glücklich, eine Schwachstelle gefunden zu haben.

„Ich bin schüchtern, wenn du das machst."

Ich lache. „Du?! Du bist schüchtern?"

„Ja, wenn du meine Nägel anguckst, schon."

„Süß. Das Einzige an dir, das nicht perfekt ist."

Wir lächeln uns an.

„Beißt du auch?" Er schnappt sich meine Hand.

„Nein."

Nach einem Moment fährt er fort: „Ich habe schon so oft versucht, mir das abzugewöhnen. Aber es hat nie geklappt. Einmal hat meine Mutter mir eine eklige Salbe draufgeschmiert."

Sein Handy klingelt.

Als er das Gespräch annimmt, steckt er seine Finger in den Mund. Er hört einen Moment zu und spricht dann schnell auf Türkisch. Sehr fremd klingt er plötzlich und ich kann nicht deuten, was oder mit wem er spricht. Ein Schwall türkischer Worte, auch seine Stimmung kann ich nicht deuten.

Englisch sprechen wir langsam, tasten nach den Worten und versichern uns mit den Augen, ob der andere versteht.

Als er mich anschaut, ahme ich ihn nach und stecke mir ebenfalls den Finger in den Mund und mache Kaubewegungen.

Er lächelt.

Als er aufgelegt hat, macht er RaveZ an. Wir hören Musik. Wie ich kann er einige Lieder auswendig. Zwischen zwei Tracks bemerke ich: „Du hast so eine tolle Jacke." Ich zeige auf seine Jacke, die an der Wand hinter uns hängt.

Er nickt und lächelt. „Was machst du, wenn du nicht in der Schule bist?"

Ich suche nach dem Wort. „Reiten? Pferde?"

Er nickt.

„Tanzen. Ich liebe tanzen", ergänze ich.

Murat strahlt über das ganze Gesicht. „Ich auch. Am liebsten mache ich mit meinen Freunden Barbecue. Und nach dem Essen fahren wir in die Disco. Und tanzen. Viele Stunden. Wir tanzen viele Stunden."

Wir sehen uns an. Und denken dasselbe.

„Ich will mit dir tanzen."

Wir müssen lachen. Ich würde gerne mit ihm tanzen. Ihm zeigen, dass ich etwas kann.

Ich bin still und kann kaum Englisch, aber Body Language spreche ich fließend. Beim Tanzen könnte ihm viel besser zeigen, wie ich bin.

Murat erzählt mir, dass er gerne Ausflüge macht und, als er das Auto bekommen hat, immer herumgefahren ist. „Ganz viel. Einfach herumgefahren. Es gibt einen Canyon. Green Canyon, den möchte ich dir zeigen. Das Wasser ist wie deine Augen. Blaugrün und ganz klar."

Wir lächeln und reden, bis eine Familie kommt, die Fotos am Strand machen will.

Im Zimmer schau ich auf mein Handy.

„Also? Ich will alles wissen. Wie war der Ausflug?"

„Ganz gut, auch wenn meine Eltern fast die ganze Zeit dabei waren."

„Warum?"

„Er wollte es irgendwie so. Hat immer mit meinem Vater gequatscht."

„Interessant."

„Aber am Strand waren wir alleine."

„Und??????"

„Eine Lady schweigt ..."

„Kann er gut küssen? Er hatte ja genug Zeit zum Üben."

„Die hat er genutzt!!!!!!"

Ich lasse mich aufs Bett fallen. Wie es wohl ist, mit ihm zu tanzen? Er kann bestimmt gut tanzen.

Spät abends gehe ich noch einmal zu ihm. Dieses Mal ist die Stimmung anders. Richtig düster.

Er ist angeschlagen und hustet öfter als auf dem Ausflug.

„Wir können uns nicht mehr mit meinen Eltern treffen. Meine Mutter kann dich nicht kennen lernen", sagt er ernst.

Ich nicke.

Wir schweigen, dann fährt er fort: „Wenn du mich wirklich magst, dann mach nichts mit anderen Jungs in Deutschland."

Ich nicke wieder, will ihm sagen, dass das dann aber auch für ihn gilt. Ich erinnere mich aber an Mamas Worte und schweige.

„Du kannst nicht seine Freundin sein. Er ist erwachsen und hat sein eigenes Leben. Das kann er nicht anhalten. Er ist kein Tisch, auf den du ein Schild „reserviert" stellen kannst."

Es dämmert mir, dass sie Recht haben könnte. Aber für einen Moment wünsche ich mir, ich könnte ihn bitten: „Frier dein Leben ein. Warte auf mich. Bitte. Ich brauche nur noch etwas Zeit."

Aber ich sage es nicht.

„Ich glaube, das hier wird vielleicht nur zwei Jahre halten, oder so ..." Er sieht mich offen lächelnd an. In seinen Augen kann ich seine Verletzlichkeit sehen. Ich falle in seine dunklen Augen hinein. Er lässt mich einfach zu sich hinein. Es ist anders, es ist nicht nur schön. Ich kann ihm nah kommen und einen Schmerz fühlen, den ich nicht fühlen will.

Ich sehe weg, reiße den Faden zwischen unseren Augen durch. Bloß nicht heulen. Ich gucke angestrengt auf einen Punkt an der Wand und schaffe es, die Tränen zurückzudrängen. Das wird bestimmt nur zwei Monate halten, denke ich traurig.

„Glaubst du das?", frage ich leise.

„Ja."

Er merkt meine Befangenheit und fügt hinzu: „Lass uns einfach sehen, was kommt!"

„Okay."

Es ist ein hartes Thema.

Vor der Hütte gehen die beiden Nachbarmädchen vorbei. Sie sehen uns und die Ältere grinst mich an. Ich fühle mich schutzlos.

„Du darfst nicht abends weg, oder?", fragt Murat, sobald sie außer Hörweite sind. Ohne auf meine Antwort zu warten, fährt er fort: „Nein, darfst du nicht. Wir würden in der Disco landen und trinken. Du bist ja abends immer auf dem Zimmer. Noch nicht mal in die Gärten darfst du."

Ich gucke ihn verwirrt an. Woher weiß er das?

„Ich habe dich am ersten Abend auf dem Balkon gesehen. Wenn ich nicht arbeite, darf ich auch nicht in der Anlage sein. Nicht an der Poolbar oder bei der Tanzterrasse."

Ich bin total verblüfft, dass er glaubt, dass ich abends nicht nach draußen darf. Was würde er denken, wenn er wüsste, dass meine Eltern mich rauslocken wollen, aber ich mich im Zimmer mit Donald Duck und den Simpsons verstecke?

„Schläfst du allein?"

Ich gucke ihn fragend an.

„Hast du ein eigenes Zimmer?"

Ich schüttele den Kopf.

„Ein Familienzimmer. Also zwei Zimmer mit einer Tür dazwischen. Ich schlafe hinten."

Er nickt.

Will er mir vorschlagen, dass ich mich heute Nacht herausschleichen soll?

„Meine Mutter schläft bei mir. Meistens. Weil mein Vater ..." – Ich mache Schnarchgeräusche. Aber Murat lacht nicht darüber, sondern sieht weiter aus dem Fenster.

„Wie wäre es, wenn wir morgen mit meinem Auto irgendwohin fahren und da parken?"

„Ich könnte meine Eltern fragen."

Ein Mann von der Rezeption geht vorbei und Murat zuckt heftig zusammen, als er die blaue Uniform sieht. Warum ist diese blöde Bude nur erleuchtet? Man sitzt hier wie im Scheinwerferlicht. Es ist entsetzlich öffentlich. Ätzend.

Hassan kommt. Er fragt mich etwas. Ich verstehe ihn nicht, ich bin so müde und fertig.

„Wie geht es dir?"

Er sieht mich an, als wäre ich ein bisschen beschränkt. Ich bin auch beschränkt im Moment. Ich will nur noch ins Bett.

„Alles gut."

Sie reden auf Türkisch. Hassan spricht hektisch. Er fuchtelt mit den Händen und zerhackt die Luft in kleine Würfel. Zeit für mich zu gehen. Mein Hocker knarrt, als ich aufstehe.

„Ich muss jetzt arbeiten. Kommst du morgen wieder?", wendet sich Murat an mich.

„Sicher."

„Sei nicht traurig, es ist nun mal mein Job."

Wieso sollte ich traurig sein? Ich kann das nicht deuten. Weil ich weggehen soll, oder steckt mehr dahinter? Ich gehe durch die Anlage langsam zum Zimmer. Wie immer wähle ich den weiteren Weg, wo man nicht an den Pools vorbei muss. Zwei Kellner kommen mir entgegen. Warum sind sie immer zu zweit – wie Fünftklässlermädchen auf dem Schulklo? Trennen sie sich erst in der Hauptsaison? Ich hefte meine Augen auf den Weg und gehe schnell weiter.

Im Zimmer erzähle ich Mama, dass wir morgen einen Ausflug machen wollen. Allein. Ein Stück wegfahren und dann parken.

„Parken?!"

„Wir wollen noch mal Zeit für uns haben. Zu zweit. Und hier geht das nicht."

„Das geht überhaupt nicht!", schreit Mama und läuft im Zimmer auf und ab.

Man hört sie bestimmt noch in der ganzen Etage.

„Leise, jetzt sprich doch leise!", zische ich.

„Du steigst nicht in das Auto!"

„Wieso?", schreie ich zurück.

„Weil du 14 Jahre alt bist."

Das jetzt wieder. Vom ewigen Wiederholen der Zahl werde ich auch nicht älter.

„Deshalb! Stell dir mal vor, ihr habt einen Unfall oder ihr werdet angehalten."

„Dann nehme ich eben keinen Ausweis mit."

„Noch besser. Eine Vierzehnjährige, die die Sprache nicht spricht und keine Papiere hat, wird mit einem Typen aufgegriffen. Bist du jetzt völlig durchgeknallt?"

„Er ist kein Typ. Und Autofahren ist sicher."

„Klar!!"

Meine Mutter springt mir fast ins Gesicht.

„Ihr habt euch nicht mal angeschnallt, heute. Obwohl ich dich angestoßen habe. Mit achtzig Stundenkilometern den Berg runter, ohne sich anzuschnallen. Du steigst nicht in das Auto, hast du verstanden?!"

Ich versuche mühsam, meine Tränen herunterzuschlucken.

„Wir fahren ganz vorsichtig. Und nicht weit."

„Nein. Du kannst nicht irgendwohin fahren. Nicht in diesem verrücktem Land. Das ist hier nicht Europa! Das hier ist wie der wilde Westen. Nur mit Moscheen! Hast du die Story der Dänin vergessen?!"

„Es geht dir doch gar nicht um das Fahren."

„Doch! Auch. Und ja, du hast vollkommen Recht, du

kannst auch nicht parken. Verdammt nochmal. Er ist ein erwachsener Mann."

„Und ich?"

„Du!? Du bist keine Frau. Du bist ein Baby!"

„Das hättest du gerne. Das denkst du – ich bin kein kleines Kind. Ich bin vierzehn!"

Jetzt schreit sie richtig.

„Vierzehn. Genau. Der Typ ist 22 Jahre. Zweiundzwanzig! Nein, er ist schon fast 23. Warum kapierst du das eigentlich nicht?!"

„Er ist kein Typ, er heißt Murat. Das weißt du genau. Und du hast gesagt, dass du ihn magst. Und Papa mag ihn auch. Das weiß ich."

„Ist mir egal, wie er heißt. Und ob ich ihn mag. Es wird nicht geparkt. Mit niemandem."

Mein Vater kommt aus dem Bad. Er sieht mir ins Gesicht und auf die Augenbrauenlandschaft meiner Mutter.

„Jetzt beruhigt euch mal. Linda, deine Mutter hat Recht. Denk mal an ihn. Wenn euch jemand erwischt, bekommt er Ärger mit der Polizei. Richtigen Ärger. Und die türkische Polizei ist sehr hart. Und er verliert seine Stelle. Du weißt doch, dass er sich nicht mit den Touristen treffen darf."

Er sieht mich sanft an.

„Du bist minderjährig. Wenn er sich mit dir trifft, werfen sie ihn raus. Und weil alle Hotels sich kennen, bekommt er keine neue Stelle."

„Die braucht er dann auch nicht", brumme ich verärgert, „weil Mama ihn vorher sowieso umbringt."

Mein Vater setzt sich zu mir auf das Bett.

„Linda-Maus."

Ich drehe mich weg.

„Linda, wir würden auch Ärger kriegen. Wir können es nicht erlauben. Es ist gegen das Gesetz. In Deutschland und in der Türkei. Das tut uns leid für euch. Wirklich. Aber so ist es nun einmal. Es geht nicht."

Er räuspert sich. „Also, was meint ihr, gibt es einen Kompromiss?"

„Kein Auto!", sagt meine Mutter wie aus der Pistole geschossen.

„Meinetwegen könnt ihr euch morgen noch einmal treffen. Eineinhalb Stunden. Ihr könntet spazieren gehen", schlägt Papa vor.

„Spazieren! Was soll das bringen? Hier kennt ihn doch jeder. Und überall laufen die Touristen herum."

„Genau deshalb. Also entweder du nimmst die eineinhalb Stunden oder es läuft gar nichts", schimpft Mama und geht ins Bad.

Ich drehe mich zur Seite. Ich fühle mich leer und kämpfe mit den Tränen. Schnell mache ich den Fernseher an. Ablenken, nicht dran denken. Ich stelle den Ton lauter.

Ich kann nicht schlafen. Ich wälze mich im Bett herum. Mache das Licht an. Es ist ein Uhr nachts.

Nebenan höre ich meine Eltern reden. Meine Mutter schimpft wütend vor sich hin.

„Parken! Die Autos sind doch deren Zimmer. Weil sie alle bei den Eltern wohnen. Ohne Ehe kein Auszug. Hassan hockt mit seinem dreiunddreißigjährigen Bruder in einem Zimmer. Weißt du, dass er mir erzählt hat, dass er und andere Kellner nachts zu dem Russenhotel fahren? Da fotografiert er auch diese ganzen Nacktbilder. Sie warten da auf die Frauen, weil die russischen Männer so viel saufen, dass sie spätestens um elf umfallen. Mit den Frauen fahren sie dann zum Strand. Ich denke, da, wo wir heute waren. Oder zum anderen Einheimischen-Strand. Und wenn sie nicht genügend Autos haben, teilen sie es sich. Stundenweise! Der verdammte Strand sieht nachts bestimmt aus wie ein beschissenes Auto-Kino. Ein fahrendes Bordell!"

Die ruhige Stimme meines Vaters – ich muss lauschen, um alles zu verstehen.

„Jetzt komm mal wieder runter. Sie macht es doch nicht. Wenn wir es verbieten, ist sie ewig wütend auf uns. Lass sie noch einmal spazieren gehen. Und übermorgen sind wir in Deutschland."

„Wer weiß. Ich sage dir: Wenn sie nur etwas älter wäre! Dann würde sie uns abhauen. Und erst abends am Flughafen wieder auftauchen."

„Was will er von ihr? Sex kann er doch mit ihr nicht haben. Ein Visum nach Deutschland? Die Fotos? Ich verstehe ihn nicht. Die kennen sich doch kaum, haben sich vielleicht fünf Stunden lang gesehen. Was sieht er nur in ihr? Willst du, dass ich noch einmal mit ihm rede?", fragt mein Vater.

„Ich weiß nicht, ob das Sinn hat. Er ist völlig verrückt. Hassan hat heute Abend schon mit ihm gesprochen, dass andere vom Personal schon misstrauisch gucken. Dass sein Job auf dem Spiel steht. Dass die ganze Familie Ärger mit der Polizei bekommt. Wie kann er so ein Risiko eingehen? Hassan hat versucht, ihn zur Vernunft zu bringen. An dem Abend in der Bude dachte ich, er wäre bekifft. Soviel Quatsch hat er geredet. Aber es war wegen ihr. Total bekifft von ihr. Er hat den ganzen Tag vor dem Computer gesessen und das Fotobuch gemacht. Und Pläne geschmiedet. Wenn ich an diese Bikinifotos denke, kriege ich die Krise. Warum haben wir das nur erlaubt? Warum sind wir überhaupt hierhin gefahren?"

Weil ich nicht mehr zehn bin, denke ich wütend. Weil ich nicht mein Leben lang nach Schweden oder Dänemark fahren werde. Weil ich keine Lust mehr habe, Reiterferien zu machen. Weil ich nicht mehr auf dem Planet der Frauen lebe. Deshalb.

Ich habe genug gehört, greife mir Purz und ziehe die Decke über den Kopf.

Am nächsten Morgen bin ich müde. Unter der Dusche lasse ich den gestrigen Tag noch einmal ablaufen. Jetzt kommt mir alles noch surrealer vor. Ist das alles wirklich passiert? War das eigentlich so etwas wie ein Verlobungsantrag????????????

Meine Eltern wären geschockt, wenn sie Murat gestern im Auto gehört hätten. Dass er von Liebe und Heirat gesprochen hat.

Wenn Murat mit der dänischen Freundin plus Kind zu seinen Eltern gegangen wäre, wären die entsetzt gewesen.

Und wenn ich sagen würde, ich warte auf Murat und möchte keinen anderen Freund, wären meine Eltern entsetzt. Sie würden vermuten, dass ich mich einer Sekte angeschlossen hätte oder eine echte Störung hätte. Und sie würden mich zwingen, zum Psychologen zu gehen.

Als Jungfrau in die Ehe zu gehen wäre für meine Eltern schlimmer, als wenn ich schwanger würde. Wenn ich heiraten wollte, würde meine Mutter mich zwingen, mit drei Jungen vorher auszugehen. Essen, Kino, Tanzen, Wochenendtrip. So wie früher, als ich erstmal jedes Gemüse probieren musste, bevor ich Brokkoli und Pilze als Ekelgemüse vom Speisezettel streichen durfte.

Als wir zum Frühstück in dem Pavillon gehen, sind wir alle drei ziemlich still. Aber kaum haben wir einen Tisch besetzt, sehe ich Murat draußen mit seiner Kamera. Ach ja, es ist Ostersonntag. Da machen sie bestimmt eine Aktion und belustigen die Touristen.

Neben ihm steht der Pirat aus Fluch der Karibik und hält zwei Papageien an einer Kette. Sie sprechen die Gäste an und einige lassen sich bereitwillig mit den Tieren fotografieren. Murat setzt die Vögel auf die Schultern und der Pirat Hassan hebt einen Säbel. Er sieht ziemlich gequält aus und das gönne ich ihm.

Ich weiß nicht, ob Murat mich gesehen hat. Meine Mutter hat ihn natürlich gesehen. Wenn Stirnrunzeln ein Teamsport wäre, würde sie mit Murat Gold gewinnen.

Das tolle Frühstücksbuffet ist an uns verschwendet. Die bunten Dekorationen auf den Tischen auch. Alle Tische sind grüngelb kariert eingedeckt und hellgrüne Servietten liegen auf den Plätzen. Und auch die Scherze der Kellner heben nicht unsere Stimmung.

Ich merke schon wieder meinen Magen und kriege keinen Bissen herunter. Meine Mutter hat zwar einen gefüllten Teller, aber trinkt nur eine Tasse Kaffee nach der anderen.

Ein Kellner kommt zu uns an den Tisch.

„Ist sie krank?", fragt er meine Mutter und deutet auf mich.

„Nein. Einfach müde", sagt Mama schnell. Sie wirft mir ihren „Jetzt reiß dich zusammen-Blick" zu. Nur Papa ist locker. Er hat weder Murat gesehen noch lässt er sich von dem englischen Frühstück abbringen.
Er isst und redet für uns mit.

Als der Eierspeckgeruch hochsteigt, sehe ich zu Mama. Sie rümpft die Nase und lächelt und für einen Moment ist alles zwischen uns in Ordnung.

Als wir aus dem Pavillon treten, will Murat ein Foto von mir schießen, aber im gleichen Moment erblickt er meine Eltern. Die Kamera richtet sich sofort wieder auf die grünen Papageien. Er grinst kurz vor sich hin.

Ich hoffe, dieser letzte Tag wird schön. Das hoffe ich sehr.

„Wollt ihr Fotos machen?", fragt Hassan. Er sieht lächerlich aus. Sein Schnurrbart glänzt in der Sonne, wahrscheinlich hat er ihn extra eingefettet.

„Nein."

Wir winken hastig ab und beeilen uns, wegzukommen. Wir haben für diesen Urlaub genug Fotos!

Als ich zu Murat komme, sind Kunden da. Murat lächelt mir kurz zu. Ein braun gedörrtes, mageres Paar schiebt einen kleinen Jungen vor sich her. Er trägt eine Taucherbrille und Flossen in der Hand. Murat kniet sich hin und bewundert die grüne Taucherbrille. Der Junge lacht und zieht seine Flossen an. Dann watschelt er wie eine Ente herum. Murat ermutigt ihn, auch die Taucherbrille aufzusetzen und macht ein Foto, das er dem Jungen im Display zeigt.

Ich blättere in einem der ausliegenden Fotobücher und warte geduldig, bis sie sich für den Nachmittag am Pool verabredet haben. In dem Buch sind fast nur Fotos von Kleinkindern. Mädchen mit Schleifen in den Haaren und bunten Badeanzügen, Jungen mit Bällen und Wasserpistolen. Und immer wieder Kinder auf der Wasserrutsche mit aufgerissenen lachenden Mündern.

„Wir können nicht mit deinem Auto wegfahren", sage ich, sobald wir alleine sind.

„Ja, hab ich mir gedacht. Es ist zu gefährlich." Murat hat schon damit gerechnet. Er spannt den Unterkiefer an und starrt stur auf den leeren Computerbildschirm. „Wir können auch einfach spazieren gehen", schlägt er vor. Er sieht nicht begeistert aus.

Ich habe noch einen Plan. „Wir könnten auch in die andere Richtung gehen. Nicht an den Strand. Vom Hotel in die andere Richtung ... Du weißt schon." Ich sollte wirklich besser Englisch lernen, mit den Vokabeln hakt es echt. Doch Murat versteht sofort. Er sieht mich an, ein kleiner Funken erhellt sein düsteres Gesicht. Er überlegt.

„Ja, das könnte funktionieren. Du meinst, in das verwilderte Gebiet?"

Ich tue genau das, was ich nicht soll. Bleib mit ihm in der Öffentlichkeit, ich hör nicht drauf.

„Genau."

Ich weiß nicht, ob ich das Richtige tue.

„Ich warte weiter hinten auf dich. Geh einfach vom

Hotel geradeaus. Ich warte da, verstehst du?"

Er sieht mich an. „Verstehst du?", wiederholt er auf Deutsch. Er stolpert über seine Worte. Das hat er für mich gelernt.

Ich strahle ihn an. „Ja. Ich verstehe!", antworte ich ihm langsam auf Deutsch. Für einen Moment erscheint er mir nicht gehetzt und fremd. Er ist perfekt. Ob es wohl weh tun wird, ihn zu vermissen?

Murat bekommt kein Internet.

„Sie scheinen das Passwort verändert zu haben!"

Er klickt eine Weile hin und her, dann fragt er: „Könntest du für mich zur Rezeption gehen und nach dem Passwort fragen?"

Ich schaue ihn entsetzt an.

„Sag nicht, dass du das für mich haben willst. Sag, du brauchst es."

Ich will nicht. Ich bin mir nicht sicher, ob ich ihn verstanden habe. Das ist nicht gut.

„Okay."

Ich schlucke schwer. ‚Passport for Internet' heißt doch ‚Passwort für das Internet', oder?

Wieso verlangt er so etwas? Nutzt er mich aus?

Ich gehe zur Rezeption. Zu meinem Glück ist da eine junge Frau, die nach dem Gleichen verlangt, und ich brauche mich nur einzuklinken. Die Dame hinter dem Tresen, die zum Glück Deutsch spricht, schreibt mir das Passwort auf und erklärt mir, wie ich da hinkomme. Ich höre nicht zu, alles was ich will, ist die Nummer.

Mit „Viel Spaß beim Surfen" entlässt sie mich.

Bei der Hütte sind wieder Leute und ich kann Murat nur anlächeln, um zu zeigen, dass ich es geschafft habe. Er lächelt zurück.

„Danke", sagt er, als die Leute weg sind. Er nimmt den Zettel. „Mm, das ist das, das ich auch kannte. Dann muss etwas mit dem Internet nicht stimmen."

Ich habe trotzdem alles richtig gemacht.

Murat und ich sehen uns Fotos an, die er gestern

geschossen hat, bevor ich gehe. Eine Mutter mit ihrem kleinen Kind. Das Kleine ist sehr süß und versucht, der Mutter alles nachzumachen. Es steht vor der Mauer und patscht die Pfoten vergnügt an die Steine.

Abschied

Im Zimmer ist niemand. Das macht mich fertig. Soll ich meine Eltern anlügen oder nicht?

Wenn ich es sage, dann werden sie mir verbieten, hinzugehen, so viel ist sicher! Aber ich lüge nicht gut, ich schaffe es selten, jemand anzulügen, und bei meiner Mutter schaffe ich es nie. Sie merkt alles. Scheiße! Was, wenn sie gar nicht mehr vor meiner Verabredung zurückkommen? Soll ich ihnen dann einen Zettel schreiben?

Meine Güte, wenn mich eine Verabredung schon so aufregt, wie hätte ich dann ein Barbecue mit seiner Familie überstanden?

Ich stelle mir vor, dass wir wirklich mit seiner Familie Barbecue machen. Er schleppt sicher ein halbes Lamm an und wählt einen schönen Platz aus. In dem kleinen Wald kurz vor dem Strand. Vielleicht unter einer großen Pinie. Er grillt das Fleisch und lächelt mich ein- oder zweimal aufmunternd an. Mama und ich inmitten des Fleischgeruches und der Menschen, die er liebt, die aber kein Deutsch oder Englisch sprechen. Wir lächeln viel und krampfhaft und sie füllen mir immer wieder den Teller und ermutigen mich, zu essen. Murat berührt mich nicht einmal und überlässt mich seiner Mutter und der Schwester. Vielleicht kneifen sie mir in die Wangen. Oder vielleicht ziehen sie mir die Locken glatt und lassen sie wieder zurückschnellen.

Und ich putze brav den Teller leer.

Mama isst aus Sympathie genau das Gleiche. Nur Papa gefällt es, denn er redet mit dem Vater. Bedächtig sprechend verschlingt er langsam und genussvoll das Grillfleisch, während Murat übersetzt. Wir versuchen ein paar türkische Worte einzuwerfen, was seine Familie händefuchtelnd und strahlend begrüßt.

Der Hund liebt mich, denn zwischendurch werfe ich

Stückchen unbemerkt auf den Boden. Später bekommt er einen Knochen, dem man noch ansehen kann, von welchem Tier er stammt.

Vielleicht mag mich die kleine Schwester und ich schicke ihr Elefantenpostkarten. Und nach dem Essen bewerten mich seine Eltern und Murat berichtet mir erleichtert, dass sie mich absegnen. So still und bescheiden. Raucht nicht. Trinkt nicht. Isst kein Schweinefleisch. Ein gutes Mädchen. So brav und gut.

Und weil Murat mich so freudig anstrahlt, erzähle ich ihm nicht, dass Mama und ich uns im Hotel um das Klo streiten, denn von den Riesenportionen und dem Fleisch müssen wir beide so richtig kotzen.

Ich bekomme Bauchschmerzen. Er war heute anders in der Bude. Fremd. Bloß nicht heulen! Ich schaffe das, kein Grund, verrückt zu werden.

„Gehe mit Murat in die Landschaft. Eltern wissen nicht davon. Soll ich es ihnen sagen oder lügen? Die sind noch spazieren, hoffentlich kommen die bald zurück. Panik!"

Die Antwort kommt schnell:

„Lügen, die lassen dich sonst nicht gehen. Mach es! Aber sei vorsichtig, Linda!! Ich hab nur eine beste Freundin."

„Ich wünschte, du wärest da."

Eigentlich müsste ich ja hoffen, dass sie nicht rechtzeitig zurückkommen, doch ich warte sehnsuchtsvoll auf das Klicken der Karte im Schloss.

Ich habe nur noch eine Stunde. Nur noch eine dreiviertel Stunde. Mir wird übel. Nur noch eine halbe. Das geht über meine Grenzen, will ich das überhaupt?

Durch die Krankenhausarbeit ist meine Mutter total praktisch. Als ich sie mal gefragt habe, woran man merkt, dass man mit einem Jungen schlafen möchte, hat sie nur gesagt: „Wenn du keine Tampons benutzt und dir selber keinen Orgasmus machen kannst, brauchst du darüber nicht nachdenken."

Meine Eltern belügen und – und was? Was soll schon passieren? Ich weiß, dass er nichts machen wird, was ich nicht möchte. Aber mein Gefühl sagt mir, dass ich mich in Gefahr begebe. Allerdings hört er RaveZ, und wie scheußlich kann jemand schon sein, der RaveZ mag? Das ist doch eine Garantie für Coolness.

Und morgen bin ich schon weg und ich will ihn noch einmal treffen.

Ich möchte mit ihm sprechen. Ich will ihn küssen und durch seine Haare streichen. Ich will mir sein schönes Murat-Lächeln einprägen. Und ich will seine Hand halten, ohne dass meine Eltern und das Hotelpersonal uns dabei zugucken.

Endlich kommt meine Mutter. Als ich in ihr Gesicht blicke, entscheide ich mich.

„Ich treffe mich gleich mit Murat. Ich dachte schon, ich sehe euch davor nicht mehr. In zehn Minuten muss ich los", sage ich etwas gehetzt.

„Was werdet ihr machen?"

Meine Mama setzt sich neben mich.

„Wir gehen am Strand spazieren und dann in ein Café gehen."

Cafés wurden heute Morgen von Papa frei gegeben.

„In Ordnung. Genieß es. Es ist dein letzter Tag. Brauchst du Geld?"

„Nein, ich hab etwas."

Ich will los, bisher hat alles hingehauen.

Mama spürt meine Spannung. Sie streicht mir über den Arm.

„Alles ist gut, Linda. Wir sehen uns beim Mittagessen. Wir gehen spät hin, dein Vater ist noch bei der Massage."

Ich mache es, wie Murat es mir gesagt hat. Einfach geradeaus. Leider ist da kein Weg. Da sind nur viele kleine Trampelfade, die alle nicht hundertprozentig geradeaus führen. Okay, kein Problem. Ich probiere einfach einen aus. Man kann nicht weit gucken, das Geäst ist einfach zu dicht.

Langsam frage ich mich, ob das eine gute Idee war. Ich stell mich auf einen Felsen und versuche, Murat zu erspähen. Hat er nicht einen orangefarbigen Pullover an? Meine Uhr zeigt zehn Minuten nach zwölf. Ich versuche noch weitere Pfade, aber diese verlieren sich einfach irgendwann. Hoffentlich sieht der Mann am Tor nicht, dass ich hier so umherirre. Aber was soll ich machen?

Während ich suche, kommt ein Kleinbus und biegt in die Einfahrt. Der Wachmann öffnet das Tor und zwei weitere Angestellte treten aus dem Hotel, um das Gepäck in Empfang zu nehmen. Ich drehe mich schnell weg, damit sie mein Gesicht nicht sehen. Dann gehe ich weiter in das Gelände und versuche, mich durch die Büsche zu schlagen.

Endlich höre ich seine Stimme.

„Hey."

Ich dreh mich um und da wartet er auf einem Felsen. Mir läuft es eiskalt den Rücken herunter. Er sieht nicht aus wie der Murat, den ich kenne. Er sieht nicht nett aus. Er trägt knallige Klamotten und eine Sonnenbrille. Seine Haare sind ganz ordentlich und sein Gesicht ist verkantet. Er raucht.

Was ist los? Was tue ich hier?

Er nimmt die Brille ab und sein Gesicht entspannt sich ganz langsam. Ich kann wieder seine Augen sehen. Das gefällt mir besser.

„Hi, es war echt schwierig, dich zu finden."

Ich versuche, mich zu ihm durchzuschlagen, ohne mir Kratzer zu holen. Er gibt mir seine Hand und hilft mir auf einen kleinen Pfad.

„Komm, ich weiß, wo wir hingehen", sagt er und macht seine Zigarette aus.

Murat schlingt seinen Arm um meine Taille und schiebt sich ein Kaugummi rein.

„Willst du auch?"

Ich nehme mir eins. Ich gucke mir die Landschaft an und frage mich, wo wir hingehen.

„Wie viele Freundinnen hattest du eigentlich schon?"

„Äh, acht oder neun", sagt er ausweichend und sieht zu Boden.

Mir macht das nichts aus. Ich meine, mit 22 ist das doch normal, oder?

Der Pfad ist sehr verschlungen.

Murat geht hinter mir. Als wir über ein paar Steine balancieren, hält er sich an meiner Hüfte fest. Er schwankt hin und her und ich muss aufpassen, dass wir nicht in den Dornen landen. Er bringt uns absichtlich aus der Balance. Ich lache.

Er umarmt mich von hinten und einen Moment bleiben wir stehen. Er vergräbt seinen Kopf in meinen Haaren. Es ist ganz still. Ich atme tief ein, um mir alles einzuprägen.

Wir spucken die Kaugummis aus.

„Meine Eltern wissen nicht, wo wir sind. Sie denken, wir wären in irgendeinem Café", sage ich, sobald wir die Steine überstanden haben.

„Hast du Angst vor ihnen?"

„Nein, nicht vor ihnen." Ich fahre fort: „Aber ich habe Angst, meine Eltern zu belügen."

Wir kommen zu einer kleinen Wiese. Wieso habe ich mir nicht vorher überlegt, was ich hier machen will, durchfährt es mich. Wie weit ich gehen will. – Anfassen über den Klamotten ist okay, entscheide ich schnell.

Wir setzen uns unter einen Baum und sammeln die Steine um uns herum auf. Wir räumen uns einen Platz frei.

Murat fängt an, mich zu küssen.

Er drückt mich herunter ins Gras und legt sich halb auf mich. Ich küsse ihn auch, aber sonst bin ich total gelähmt.

Er hört auf, mich zu küssen, und fragt sanft: „Hast du Angst?"

Ich antworte nicht und halte die Augen geschlossen.

„Ja, du hast Angst", beantwortet er sich seine Frage selber. „Du brauchst vor mir keine Angst zu haben. Niemals! Wir machen keinen Sex, keine Sorge. Relax! Look at me."

Ich öffne die Augen und er sieht mich eindringlich ein. Davor habe ich auch keine Angst, aber von küssen bis miteinander schlafen gibt es eine große Spanne, denke ich.

Er küsst mich wieder. Dieses Mal etwas sanfter und langsamer. Er streichelt meinen Bauch – ganz leichte Kreise. Dann wandern seine Hände langsam nach oben. Auf meinen Busen, er hält Blickkontakt zu mir.

„Ist das okay?", fragen seine Augen.

Murat bleibt über meinem BH. Er küsst mich weiter. Ich entspanne mich etwas.

Als er hinten in meine Hose fassen will, halte ich seine Hand fest. Er grinst und setzt sich auf. Anscheinend machen wir eine kleine Pause.

„Wirst du mich vermissen?", frage ich.

Er wird ernst. „Natürlich werde ich dich vermissen. Ich werde dich schrecklich vermissen."

„Gute Antwort." Ich bin erleichtert und grinse.

Murat sieht weg und sein Gesicht verhärtet sich. Er sieht wütend aus. Ist es, weil ich nicht wollte, dass er in meine Hose kommt?

„Was ist los?", frage ich ängstlich.

„Nichts."

„Bist du sauer? Oder traurig?"

„Nein. Nur mein Hals. Ich habe ein bisschen Angst, dass ich dich anstecke."

Ja klar! Ist doch nicht wahr! Da ist mehr, aber ich

traue mich nicht danach zu fragen. Stattdessen nehme ich einen Halm und kitzele ihn kurz an der Wange. Ich weiß, ganz schön kindisch.

Murat fängt sich wieder und lächelt. Er küsst mich. Seine Hände finden den Weg unter mein T-Shirt. Er legt die Hände auf meine Hüften.

„Warum bist du so kalt hier?"

Was soll man darauf antworten?

Ich zucke mal wieder mit den Schultern und küsse ihn. Ich lasse ihn mehr machen, als ich mir vorher vorgenommen habe. Seine Hände dürfen mich erforschen. Nur in meine Hose darf er nicht.

Ich greife nach seiner Hand, als sie an meinem Hosenbund ist und halte sie fest. Dann ziehe ich sie zu mir hoch und gucke auf seine Fingernägel. Ich brauche dich schüchtern, denke ich und sehe ihn an. Schüchtern!

„Nein, nein", sagt er. Er zieht lachend seine Hände weg.

Plötzlich piept mein Handy. Es ist Marie. „Alles okay?" Ich schreibe nicht zurück. Trotzdem kommt mir eine Unterbrechung gelegen. Murat geht cool damit um und wir reden kurz.

„Ich habe ein bisschen Angst, dass ich dich nie wiedersehe", gestehe ich.

„Warum? Du kommst wieder. Dann ist es kein Problem. Wenn du wiederkommst, wieso solltest du mich nicht wiedersehen?", sagt er ungehalten. Er sieht wütend aus.

Ich merke, er will nicht darüber sprechen. Also lasse ich es. Wir schweigen einen Moment, ohne uns anzusehen.

„Du sagst – du magst mich. Magst mich richtig. Was magst du an mir?", fragt Murat mich unvermittelt.

„Äh – ich mag die Dinge, die du sagst ...", stottere ich. „Und deine ... deine ... Ausstrahlung", sage ich auf Deutsch. „Weißt du, was ich meine?"

Er schüttelt den Kopf.

„... Englisch ... weißt du Aura? Ich mag deine Aura." Ich bin völlig überfordert.

Das versteht er zum Glück. „Okay. Und du hattest wirklich noch nie einen Freund?"

„Nein."

„Hast du schon mal geküsst?"

Er beugt sich über mich.

„Nur mit dir."

„Warum nicht vorher?" Er grinst.

Ich zucke mit den Schultern. Murat nickt und wir küssen wieder. Dann lässt er mich los. Er wirkt verspannt. Unter seinen Augen hat er riesige Schatten. Ein richtiges Schattenmeer, so, als wenn er gar nicht im Bett gewesen wäre.

Er legt sich ins Gras und ich küsse ihn und fahre ihm ein bisschen durch die Haare. Sie sind hart vom Gel. Ich möchte sie nicht verwuscheln, weil er bestimmt danach wieder ins Hotel muss. Er ist so hübsch, wenn er nur mal lächeln könnte.

Ich fasse ihn nicht an. Ich weiß nicht, warum. Ich bin viel zu sehr mit mir beschäftigt, ich komme nicht einmal auf den Gedanken.

„Komm näher. Komm auf mich", fordert er mich auf. Ich will nicht und lege mich nur mit dem Oberkörper auf ihn.

Jetzt lächelt er endlich. „Gutes Mädchen."

Ich liebe es, wenn er lacht, dann braucht die Sonne nicht mehr zu scheinen. Wir küssen noch ein bisschen und er streicht meine Haare zur Seite, wenn sie ihm ins Gesicht fallen.

Plötzlich höre ich Stimmen.

Ich reiße den Kopf hoch und sehe ein Stück dunkelblaue Schulter. Oh nein, jemand vom Personal! Der Wachtposten.

Meine Angst ist wie ein Tritt in die Rippen. Murat hat es auch gehört. Er atmet flach. Ich sehe kleine Schweißtropfen auf seiner Stirn.

Sie erwischen uns. Was sollen wir nur tun? Es sind zwei Personen. Sie kommen näher. Wir pressen uns tiefer ins Gras. Nein, nicht hierher kommen. Ich spüre meinen Herzschlag bis in meinen Mund.

Sie kommen hierher.

Ich schließe die Augen und spüre die herankommenden Schritte am vibrierenden Boden. Mir ist schlecht vor Angst, obwohl ich weiß, dass der Ärger mit meinen Eltern noch das kleinste Problem ist. Hotelwachleute. Polizei. Wir kriegen Ärger mit der türkischen Polizei. Wenn sie uns aufstöbern und an den Armen hochreißen, fange ich an zu heulen. Oder ich übergebe mich. Und dadurch wird es noch schlimmer.

Murat ist völlig erstarrt.

Dann dringen die Stimmen zu uns und ich höre erleichtert, dass sie Deutsch sprechen. Ich drehe mich um und gucke hoch. Es sind Touristen. Ein Paar mit zwei kleinen Mädchen. Der Mann trägt ein dunkelblaues T-Shirt. Habe ich die schon einmal gesehen?

„Sind die von unserem Hotel?"

Murat bewegt sich nicht.

Ich setze mich auf.

„Weiß nicht." Er bleibt liegen, so dass man sein Gesicht nicht sehen kann.

„Ich glaube nicht", sage ich. Unser Hotel ist riesig, woher soll ich das wissen?

Murat riskiert einen Blick. „Ich glaube auch nicht."

Sie beachten uns nicht und es scheint so, als würden sie weitergehen. Plötzlich rennen die Mädchen zu einem Felsen in der Nähe. Die wollen da Pause machen! Ergeben lege ich mich wieder hin.

Murat scheint sich wieder zu entspannen, doch sein Gesicht ist bleich. Er sieht total fertig aus.

„Schock", flüstere ich.

Wir liegen einen Moment einfach nebeneinander. Schweigen. Ich spüre seinen Herzschlag, der allmählich langsamer wird.

Die Eltern rufen die Kinder und gehen den Trampelpfad zurück.

Dann küssen wir wieder. Er drängt sich an mich. Und zieht mich näher. Und wir küssen, bis Murat sich aufsetzt. Er fragt mich etwas, ich verstehe ihn nicht. Er wiederholt die Frage und sieht mich eindringlich an.

„Was meinst du? Was heißt horny?", frage ich.

„Dein Körper will unbedingt Sex haben." Er versucht das Wort zu erklären. Ich glaube, er meint erregt.

„Nein", sage ich reflexartig.

Im nächsten Moment weiß ich, dass ich gelogen habe. Und er ist oder war erregt, das habe ich gespürt. Murat atmet langsam durch den Mund aus. Dann küsst er mich. Ganz vorsichtig legt er seine Hand auf die Innenseite meines Oberschenkels und streicht langsam höher. Ich greife nach seinen Fingern, halte sie aber auch nicht auf.

Murat lächelt sein Sonnenlächeln.

Bald wird er aber wieder ernst. „Ich glaube, wir sollten jetzt gehen. Ich lege mich zuhause noch mal ins Bett und erhole mich, bevor ich wieder arbeiten muss." Er sieht mich kurz an und streicht mir flüchtig über meinen Knöchel, dann sieht er weg.

„Okay." Ich schlucke.

Wir stehen auf und gehen den gleichen Weg zurück. Dieses Mal machte es aber keinen Spaß, über die Steine zu klettern. Murat geht schnell vor und sieht sich nur selten um.

Hinter der letzten Kurve bleiben wir stehen. Ich fange seinen Blick ein. Schaue ihm direkt in die Augen und sein Blick wird kurz wieder weich.

„Wenn ich das nächste Mal hierher komme, bin ich 16."

„Und dann?", fragt er hoffnungsvoll.

„Dann bin ich älter. Vielleicht ist es dann einfacher."

Wir sehen uns kurz an und er sagt: „Ja, und vielleicht können wir dann etwas mehr machen. Zusammen sein."

„Vielleicht."

Wir schweigen. Es ist ganz still. Kurz starren wir auf den staubigen braunen Lehmboden.

„Nein. Wie auch immer. Pass auf dich auf und bleib du selbst. Und Linda, bitte sei nicht zu traurig."

Wir geben uns einen letzten Kuss.

„Ich komme bestimmt wieder. – Tschüss."

Ich spüre mich nicht. Was meint er mit ‚zu traurig'?

„Tschüss. Geh wieder ins Hotel zurück. Ich gehe in die andere Richtung zu meinem Auto."

Genau das tun wir. Er geht in die andere Richtung, weg von mir. Und ich kämpfe mich zurück durch das kratzige Dornenfeld und versuche, die Straße zu überqueren, ohne dass mich jemand vom Hotelpersonal beobachtet.

Ich treffe meine Eltern noch beim Essen auf der Außenterrasse an. Sie werfen sich über meinen Kopf den besorgten Elternblick zu.

„Schon zurück?"

„Das ging ja schnell. Willst du etwas essen?", fragt Papa.

Mama schiebt mir ihren Teller mit Salat und Brot herüber und steht auf, um sich eine neue Portion zu holen. Ich kann nichts essen. Aber kaum sitze ich, steuert der Eidechsenkellner auf unseren Tisch zu. Ich springe unvermittelt hoch. Er steht direkt vor mir und blockiert den Weg.

Ich habe den wilden Impuls, mir mit Papas Messer die Haare abzuschneiden und der Eidechse vor die Füße zu schleudern.

„Hier, nimm! Das willst du doch. Mehr habe ich nicht. Und jetzt lass mich endlich in Ruhe!"

Stattdessen sehe ich auf den Boden und gehe um den Tisch herum zum Buffet. Ich lade mir noch irgendetwas auf den Teller und setze mich neben Papa in die Sonne. Die Gespräche an den Nachbartischen rauschen an mir vorbei. Ich rede kein Wort und meine Eltern lassen mich in Ruhe. Sie behandeln mich wie eine Kranke. Vielleicht bin ich ja krank, vielleicht bin ich ja nicht normal. Ich glaube, ich drehe durch.

Ich will nur noch nach Hause. Zu Marie. Zum Reiten. Ich will Lord striegeln und meinen Kopf an seinen Hals lehnen. Seinen Lord-Geruch einatmen. Ich will in meiner Klasse auf die Uhr über der Tür schauen und auf meinem Block herumkritzeln.

Papa fragt, ob er mir ein Eis bringen kann. Ich nicke. Aber ich weiß gar nichts und bin vollkommen betäubt. Das Eis schmilzt und wird zu einer ekligen hellen Suppe, auf der Fettaugen schwimmen.

Als wir aus dem Pavillon treten, wartet Hassan draußen. Diesmal ohne Piratenkostüm. Seit wann sind er und Mama so dicke Freunde?

Ich schaue ihn nicht an und gehe einfach vorbei, aber ich höre ihn noch fragen: „Wann geht euer Flieger?"

Er senkt die Stimme, aber ich höre es trotzdem. „Es wird Zeit, dass ihr fahrt."

Ich beschleunige meinen Schritt. Was mischt Hassan sich ein? Mit Murat hat er ja auch schon gesprochen. Und nach dem, was ich über Murats Zusammenarbeit mit seinem Cousin weiß, hasst er es, wie ein Kind bevormundet zu werden.

Im Zimmer dusche ich mich und ziehe noch einmal mein neues Kleid an. Die kleinen Blumen tanzen um mich herum, wenn ich mich bewege. Murat mag dieses Kleid.

Wahrscheinlich spürt Mama, dass sie mich nicht alleine lassen soll. Jedenfalls zwingt sie mich, einen Abschiedsspaziergang am Meer zu machen.

„Komm, du wolltest doch noch einmal Granatapfelsaft trinken. Und ein Geschenk für Marie kaufen. Wenn sie schon nicht dabei sein kann, bring ihr etwas Schönes mit."

Ich lasse mich nach draußen lotsen. Ohne uns abzusprechen, nehmen wir den Weg durch den hinteren Garten und stoßen auf niemanden vom Personal. Am Strand geben mir meine Eltern immer wieder flache Steine und ich werfe sie ins Wasser.

„Siehst du", sagt Papa. „Drei Hüpfer, das ist bei Wellen schon extrem gut. Schnell hast du das gelernt."

Wir gehen ein ganzes Stück. Ich schaue nur auf das Wasser und beachte die Promenade nicht. Lasse mich von meinen Eltern ins Schlepptau nehmen und gehe einfach mechanisch weiter. Im Kopf bin ich bei Murat. Ich bin immer noch auf der Wiese.

Wir gehen in das gleiche Café wie am Ankunftstag. Ich sitze da und starre auf das Meer.

Auf dem Rückweg tauche ich für zehn Minuten wieder auf, um eine bestickte Handytasche und einen Schlüsselanhänger für Marie zu kaufen. Als wir zur Anlage gehen, versinke ich wieder in meinen Gedanken.

Murat steht vor der Bude. Meine Eltern wollen, dass wir uns als Familie von ihm verabschieden. Ich gehe rasch vor.

„Warum kommst du?" Sein Gesicht ist abweisend. Streng.

Mir wird kalt. „Ich wollte noch einmal Tschüss sagen."

„Okay."

„Meine Eltern kommen gleich auch."

„Ah", seine Miene wird freundlicher. Er schaut auf meine Haare und mein Kleid und mir dann ins Gesicht.

Meine Eltern kommen schon und lassen uns zum Glück nicht lange in dem unangenehmen Schweigen.

Sie verabschieden sich zuerst von Murat mit einem Händedruck und freundlichen Worten.

„Kommt ihr im nächsten Sommer wieder?", höre ich Murat fragen.

„Vielleicht", antwortet Mama.

Murat sieht meinen Vater an.

„Wir wissen es noch nicht. Wir werden sehen."

Murat nickt.

Dann bin ich an der Reihe. Wir geben uns die Hand und ich küsse ihn auf die Wange. Ich will mich losmachen.

„Die andere auch noch", sagt er ganz leise.

„Auf Wiedersehen."

Wir lächeln uns an und er ist für einen Moment mein Murat.

Als ich weggehe, versuche ich mich wachzurütteln. Es kann gut sein, dass du ihn nie wieder siehst, Linda. Doch ich drehe mich nicht einmal um.

Auf dem Zimmer lege ich mich auf das Bett. Ich kann nicht mehr klar denken! Zum Glück lassen meine Eltern mich in Ruhe und stellen keine Fragen. Unter der Bettdecke versinke ich wieder.

Ich habe keine Ahnung, wie ich das auf der Wiese gefunden habe. Ich weiß nicht mal, in welche Richtung es geht. Schön oder eher blöd?

Und der Schock, als die Leute kamen! Nur nicht daran denken. Schnell mache ich den Fernseher an. Ich konzentriere mich auf die Story, eine Komödie mit Happy End. Leise höre ich, wie meine Eltern packen sowie die Stimme meiner Mutter.

„Lass sie. Komm, wir packen ihren Koffer mit."

Ich will nichts hören und drehe den Fernseher lauter. Mein Handy fiept, aber ich lasse es auf dem Nachttisch liegen.

„Wir gehen Abendbrot essen. Willst du mit? Und danach noch ein bisschen durch die Gärten."

Ich sage nichts.

„Sollen wir dir etwas mitbringen? Ein paar Kekse? Oder Obst?", ruft mein Vater durch die Zimmertür.

Ich antworte nicht, und als die Tür ins Schloss fällt, drehe ich mich auf die andere Seite und krümme mich zusammen.

Meine Gefühle sind erst einmal ad acta gelegt. Ich bin eingefroren. Schockgefroren.

Ich liege im Pool. Meine Haare sind aufgebauscht. Wie ein Fächer sind sie. Murat steht am Rand. Hinter ihm geht die Sonne unter und sein Schatten fällt auf mich.

„Tauch tiefer. Bewege dich. More beautiful."

Meine Haare wehen um mich herum und spinnen mich ein. Wie ein Schwarm Fische treiben sie um mich herum und umhüllen mich völlig. Ich tauche unter, immer tiefer. Komischerweise hat der Pool überhaupt keinen Grund. Man kann immer weiter. Ich frage mich, wie Murat mich jetzt noch fotografieren kann?

Wo ist er überhaupt? Steht er noch am Beckenrand? Das Wasser wird nicht dunkler. Ich tauche in ein helles Türkis. Ich weiß nicht, wie tief ich bin. Sollte ich nicht langsam wieder auftauchen? Ich verspüre den Drang, aufzutauchen. In welche Richtung geht es nach oben?

„Linda, wach auf, wir müssen los." Meine Mutter rüttelt mich sanft an der Schulter. „Na komm, aufstehen."

Ich ziehe die Klamotten über, die meine Mutter mir rausgelegt hat. Es ist halb drei nachts. Ich habe schon ein bisschen geschlafen. Habe ich das vom Pool geträumt oder mir ausgedacht?

Mechanisch laufe ich an der Rezeption vorbei, ohne einmal den Blick zu heben. Draußen ist es kühl, als wir in das Taxi zum Flughafen steigen. Zum Glück ist es dunkel. Ich kann nichts sehen. Kann nicht denken. Kann nicht fühlen. Erst am Flughafen sehe ich durch die

Scheibe, wie die Dämmerung draußen emporsteigt. Es ist alles so unwirklich. Alles kommt mir leise und nebensächlich vor.

Wir werden nach Waffen kontrolliert. Die Stewardessen begrüßen uns an Bord.

Das Flugzeug startet.

Keine Traurigkeit. Keine Wut. Nur die Sehnsucht nach Marie.

„Du siehst sie noch heute. Es wird alles wieder gut", tröstet mich Mama.

Ich schließe die Augen und lehne meinen Kopf an ihre Schulter. Obwohl es Tag wird, bin ich müde und erschöpft. Ich würde nicht einmal aufstehen, wenn es brennen würde. Ich würde wahrscheinlich nur denken: Du hast ordentlich was vom Leben mitgenommen, Linda. Du kannst ruhig sterben.

Natürlich stimmt das nicht, aber hier im Flugzeug kommt es mir irgendwie so vor.

Cyprus Hell

Marie und ich gehen in ihr Zimmer. Wir beide haben ein dickes Grinsen im Gesicht und Marie noch Ostereier in der Hand.

„Los, erzähl schon."

Wir setzen uns auf ihren Teppich, essen Schokolade und ich fange an, zu erzählen. Maries Lächeln wird immer strahlender. Sie pellt mir einen Schokohasen.

„Weiter, weiter."

Ich brenne darauf, alles loszuwerden.

„Auf dem Spaziergang hat er den Arm um mich gelegt und mich auf die Wange geküsst. Es war so, oh mein Gott, es war der Wahnsinn."

„Hat dein Vater wirklich mit ihm geredet?", fragt Marie kichernd.

„Ja, aber er hat das echt cool genommen."

So geht es weiter, ich erzähle ihr viel. Fast alles.

„Was ist auf der Wiese passiert?"

„Na ja ...", ich stocke.

„Wir haben uns angefasst und ..."

„Und?" Maries Augen werden größer.

„Es war echt toll", höre ich mich sagen. „Echt toll. Und – ich hab hier die Fotos."

„Zeig!"

Marie vertieft sich ins Fotobuch.

„Mann, siehst du da hübsch aus. Ich meine, du siehst auch sonst toll aus, aber wow! Wie ein Model."

„Mm."

Ich hole unseren Fotoapparat und zeige ihr Murat in dem Display unserer Kamera.

„Du hast so ein Glück. Diese supercoolen Bilder und der erste Kuss von einem Wahnsinnstypen. Und dann noch am Strand."

„Mm."

Wieso will ich ihr nichts von der Wiese erzählen?

Auch jetzt, nachdem ich Marie eingeweiht habe, fühle ich mich noch alleine. Ich habe immer noch das Verlangen, jemandem etwas zu erzählen. Wieso sage ich dann nichts von der Wiese? Ich will weg, in mein Zimmer.

Beim Abendessen fragt mein Vater: „Na, Linchen-Maus, bereit für das Praktikum? Oder immer noch müde?"

„Ich möchte lieber noch im Urlaub sein."

Ich möchte lieber bei Murat sein, denke ich.

Und als hätte sie meine Gedanken gelesen, sagt Mama: „Ja, aber das mit Murat geht ja nicht, Linda."

Ruhig zählt Papa mir die Hindernisse auf.

„Ja, 2500 km Entfernung, acht Jahre Altersabstand, keine gemeinsame Sprache, andere Kultur, kein europäisches Land, das Gesetz ..."

„Ist ja gut", unterbreche ich ihn schroff. „Ich hab's verstanden!"

Er sieht mich erstaunt an. „Morgen sieht die Welt schon anders aus. Auf dem Hof wird es bestimmt spannend. Und am Freitag beginnen schon deine Tanzproben."

Ich weiche ihren Blicken aus und beginne den Tisch abzuräumen.

Abends im Bett stelle ich fest, dass wir Purz vergessen haben. Meine Eltern haben die Koffer gepackt, aber Purz lag noch bei mir unter dem Kopfkissen. Es gibt Purz, seit ich denken kann. Meine Mutter hat ihn während der Schwangerschaft von ihrer besten Freundin bekommen.

Wie konnte ich ihn nur vergessen?

Ich rase panisch die Treppe runter. Mein Vater beruhigt mich und ruft gleich im Hotel an. Er soll sich in zehn Minuten noch einmal melden – jemand würde im Bett nachsehen.

Später kommt er zu mir ins Zimmer.

„Wenn die Putzfrauen ihn nicht weggeschmissen haben, schicken sie ihn. In einer Sammelzustellung. Das kann ein bisschen dauern. Na, wenigstens macht Purz noch Urlaub. Schlaf jetzt, Linda. Du musst morgen früh raus."

Und ich muss früh raus. Ein Glück bringt Papa mich zum Hof. Es ist kurz vor Sieben. Komischerweise bin ich nicht nervös, gar nicht.

Der Bauer begrüßt mich freundlich und stellt mich den Arbeitern vor. Es kommt mir seltsam vor, dass ich hier die nächsten vier Wochen arbeiten soll. Ich miste so gut es geht den Rinderstall aus und füttere die Schweine. Während der Essenspausen versuche ich mich in die Gespräche einzubringen. Alle aus meiner Klasse fangen heute auch in ihren Betrieben an.

Wie es ihnen wohl geht?

Auch bei den Anstrengungen gleiten meine Gedanken manchmal zu Murat in die Türkei. Dann kriecht ein Lächeln über mein Gesicht.

Um fünf Uhr kann ich endlich gehen.

Abends schlinge ich eine doppelte Portion Nudeln herunter und gehe dann schnell auf mein Zimmer und suche mein Handy.

„Hi Murat, ist alles okay bei dir? Ich bin wieder in Deutschland und habe meinen ersten Tag auf dem Hof überstanden. Es ist sehr hart, super anstrengend. Das Essen ist schrecklich. Ich vermisse dich, Linda."

Er schreibt mir sofort zurück, allerdings unter einer anderen Nummer.

„Hi Baby. Sorry, ich hab kein Geld auf meinem Handy, das ist Hassans. Ich liebe dich und vermisse dich so sehr. Wir können uns Emails schreiben, aber wenn du mir Sms schicken willst, kannst du das auf meinem Handy tun. Sei nicht zu traurig, Liebe von Murat."

Ich hasse diese Sms. Sie klingt billig. Er nennt mich

Baby, kann er sich nicht meinen Namen merken? Warum schreibt er auf Hassans Handy? Hassan ist nicht mal sein richtiger Freund.

Was meint er mit „Sei nicht zu traurig“? Ich habe kein gutes Gefühl. Absolut nicht, aber ich weiß nicht, warum. Eigentlich steht da doch gar nichts Blödes drin. Murat schreibt, dass er mich vermisst und mich liebt. Doch ich habe kein gutes Gefühl.

Am nächsten Abend sagt Papa, dass in den Nachrichten kam, dass in der Türkei YouTube und Twitter gesperrt sind. Das wird Murat treffen. Sein Draht zum Westen ist zerstört. Keine neuen Songs von englischen Untergrundbands. Ich will wissen, wie es ihm geht.

Ich rufe meine Tante Kerstin an, denn ich weiß, dass sie im Winter nach Antalya fliegt.

„Na, Linchen, wie war es in der Türkei?“

„Gut. Fährst du im Winter hin?“

„Ja, wie immer. Zwei Wochen im Januar. Wenn hier der Weihnachtsrummel vorbei ist und das kalte Wetter anhält. Wieder ins Paradise Garden. Wieso?“

„Vielleicht könnte ich mitfahren. Das Geld könnte ich von dem Konfirmationskonto nehmen.“

„Ah ja. Ich meine, ich nehme dich liebend gerne mit. Du bist meine Lieblingsnichte.“

„Du hast nur eine.“

„Stimmt. Aber du wärst auch sonst meine Favoritin. Und was sagen deine Eltern?“

„Keine Ahnung. Es war nur so eine Idee. Ich habe es noch nicht besprochen. Und ich weiß noch nicht, ob ich es machen will.“

„Gut. Du weißt, ich fahre auf jeden Fall. Die erste Woche hast du noch Ferien, da könntest du mitfahren. Ich würde dich dann zum Flughafen bringen. Aber ich warne dich. Das Wetter ist zwar warm, aber nicht wie im

Sommer. Es kann auch gut mal regnen. Und Jugendliche sind da auch nicht. Ich glaube, das Durchschnittsalter ist sechzig."

„Ich weiß. Aber das wäre okay."

Am nächsten Tag radle ich nach der Arbeit zum Fotostudio. Ich lasse mir Passbilder machen. Vor der Tür schminke ich mir die Lippen und stecke mir die Haare hoch. Dann tusche ich mir noch die Wimpern.

Die Fotografin denkt, dass es für einen Reisepass ist und fordert mich nicht auf, zu lächeln.

Auf den Fotos sehe ich ernst aus, nicht wie das süße hübsche Mädchen, das immer in die Kamera grinst. Und vor allem – ich sehe aus wie siebzehn. Vielleicht sogar achtzehn. Und das wird mir helfen, denn gleich am ersten Schultag werde ich im Büro einen neuen Schülerausweis beantragen. Mit diesem Foto. Und ich werde ihn mit Füller ausfüllen und später beim Geburtsdatum die Jahreszahl ändern.

Und wenn ich dann im Winter in der Türkei bin, werde ich statt Reisepass den Schülerausweis einstecken, wenn ich abends unterwegs bin.

„Hi Murat. Wenn du mich irgendwann wiedersiehst, werde ich aussehen wie eine Olympiasportlerin, es ist so anstrengend. Ich bin mir nicht sicher, ob ich dir die richte Emailadresse gegeben habe." Ich schreibe die Adresse. „Ich vermisse dich."

Es kommt keine Antwort. Weder auf dem Computer noch auf dem Handy. Ich warte vier Tage. Was ist los?

„Glaubst du, dass er schreiben wird?", frage ich Mama.

„Ich kann das nicht einschätzen. Ich weiß es nicht." Mama sieht mich nicht an.

„Mein Gefühl sagt – nicht", flüstert sie.

Ich will das nicht hören.

Als ich später nach oben gehen will, höre ich sie am Telefon. „Von wegen Urlaub. Ich bin bei zehn am Tag."

Zehn Zigaretten. Sie raucht also wieder.

„Vielleicht ist diese Art von Tourismus nichts. Anlagen. All Inclusive. Und die Küste ist eher die Müllkippe beider Kulturen. Ich bin so froh, dass wir wieder hier sind."

Ich aber nicht, ich bin nicht froh.

„Linda nimmt es schwer."

Ich zucke zusammen. Mit wem redet sie? Und sie hat schon über mich geredet, denn sonst wüsste ihre Freundin nicht, was ich schwer nehme. Na toll.

„Aber das mit dem Praktikum ist gut. Es kommt genau richtig. Sie hat keine Zeit, im Bett zu liegen und zu träumen oder zu heulen. Gute Ablenkung. Da kann sie es schnell vergessen."

Am liebsten würde ich die Tür knallen. Wieso heulen? Und wieso muss ich es vergessen?

Ich gehe in mein Zimmer und drehe die Musik auf.

Das Praktikum ist hart. Morgens um sieben Uhr stehe ich im Stall und miste zweieinhalb Stunden aus, bevor es Frühstück gibt. Niemand sagt einem, dass es viel schwerer ist, zu arbeiten, wenn man traurig ist. Aber so ist es. Mein Körper wiegt eine Tonne und es ist anstrengend, nur den Arm zu heben. Alles geht viel langsamer als sonst.

Abends quäle ich mich zum Tanzunterricht.

Danach bin ich so erschöpft, dass ich ins Bett falle. Meine Beine sind verhärtet und mein Rücken schmerzt und wird durchbrechen.

Und fast jeden Tag verletze ich mir die Hand auf der Arbeit. Weil ich in Gedanken woanders bin. Woanders sein möchte. Weil mein Körper nach den fünf Tagen mit

Murat nicht hier ankommen kann. Deshalb schneide ich mich beim Ernten oder an der Kartoffelsortiermaschine. Und jeden Morgen um sechs Uhr stehe ich wieder auf und steige in die gleichen dreckigen Klamotten und fahre zum Hof.

Und noch vor zwei Wochen war mir das so wichtig. Ich habe extra einen Antrag bei der Schulleitung gestellt, so sehr wollte ich genau dieses Praktikum und wollte abends zu den Tanzkursen gehen – jetzt ist es egal. Ich schleppe mich nur dort hin.

An zwei Tagen ist es warm und ich bleibe auf dem Ackerboden sitzen. Inmitten der Kohlpflanzen. Ich streiche über die warme Erde wie über seine Haut. Dann schrecke ich auf und arbeite weiter.

„Hi Murat. Hast du mit dem Hotel Probleme? Schreib mir eine Email."

Ich frage mich immer wieder, ob er noch Ärger bekommen hat. Unauffällig waren wir nicht. Mindestens zweimal haben uns Leute vom Hotelpersonal gesehen. Besonders der Wachtposten, als ich versucht habe, einen Weg in das Gelände zu finden.

Mama versucht mich zu beruhigen.

„Er ist bestimmt okay. Es wird schon gut gegangen sein. Außerdem hat Hassan ihm bestimmt geholfen. Ihn rausgehauen."

„Wie denn?"

„Verschieden. Vielleicht hat er ihn dazu gebracht, die Fotos zu löschen. Oder ihn überredet, dir nicht von seinem Handy aus zu schreiben. Keine Mails zu schreiben. Und wenn sie wegen dir nachfragen ..."

„Ja?"

Sie sieht mich an.

„Dann wird Hassan vermutlich sagen, dass du unbedingt Fotomodell sein willst. Dauernd angelaufen gekommen bist. Ihnen hinterhergelaufen bist, um noch

Tipps zu kriegen. Und gute Posen zu lernen. Und ... "

„Ein dummes kleines Mädchen, eben", unterbreche ich sie.

„Ja, so werden sie es wohl aussehen lassen. Aber – Murat hat auch das Risiko getragen, nicht nur du."

„Glaubst du, dass er Ärger hat?"

„Nicht mit der Polizei. Glaube ich nicht. Sonst hätten wir irgendetwas gehört."

„Murat, du hast doch gesagt, dass es wichtig ist, dass wir Kontakt halten. Es sind zwar erst zehn Tage, aber ich habe das Gefühl, dass du mir nicht schreiben wirst, liege ich da richtig? Was ist los? Eine Antwort zu schreiben ist nur fair."

Es kommt nichts. Keine einzige Nachricht. Ich warte und arbeite. Tag für Tag.

Murat hat mir erzählt, dass er drei Monate lang ‚Cyprus Hell' hatte, als er seine Grundausbildung beim Militär dort gemacht hat. Dies ist nicht Zypern, und selbst für Deutschland ist der April kalt und ich habe oft nasse Füße.

Aber ich erkenne jetzt diesen Platz: Cyprus Hell.

Wo man jeden Tag durchstehen muss. Wo die Freunde unerreichbar sind. Weit weg. Jeden Tag neue Anforderungen bewältigen und immer erwachsen sein müssen.

Jeden Tag fahre ich zum Hof. Dann nach Hause. Ich dusche und gehe zum Bus. Das Tanz-Training dauert den ganzen Abend. Fast alle in dem Projekt sind älter. Viel älter.

Ich nehme den letzten Bus aus der Stadt zurück. Ich esse und gehe ins Bett.

Immer die Mundwinkel hochziehen.

Gegen die Schwerkraft ankämpfen.

Und wieder der nächste Tag. Und genau zu wissen, dass es keinen Ausweg gibt. Jemand anderes reitet Lord und andere Mädchen gehen in die Schule und nachmittags in die Stadt.

Cyprus Hell – die einen von allen anderen trennt.

Denn ich kann nicht zu meiner Mutter laufen. Ich habe sie belogen. Ich kann ihr nichts erzählen und weiche ihren Röntgenblicken aus. Bin froh, dass ihr Dienst so liegt, dass ich sie nachmittags nicht sehe. Ich habe Angst, dass sie ausflippt, weint und schreit.

Ihre Sorge würde zu mir fließen, aber ihre ganze Wut Richtung Türkei. Sie würde drohen, in den nächsten Flieger zu steigen und Murat seine Kamera auf dem Kopf zu zerschlagen.

Und alle aus meiner Klasse sind im Praktikum. Die meisten an anderen Orten. Nur Marie, die auf eine andere Schule geht, sehe ich jeden Tag. Aber Marie ist jünger und ich habe ihr nichts von der Wiese erzählt.

In der Klasse werden dich alle beneiden. Das Tanzprojekt und jetzt diese Fotos. Und ein super Urlaubsflirt mit einem Klassetypen."

„Ich will das in der Schule nicht erzählen."

Marie sieht mich erstaunt an.

„Und die Fotos? Willst du das Buch auch nicht zeigen? Es ist profimäßig – so richtig gut."

„Nein."

„Verstehe ich nicht, denn das würde Nele und ihre Clique beeindrucken. Todsicher. Die Fotos sind Hammer. Echt Hammer."

Aber wenn ich will, dass es meine Geschichte bleibt, kann ich sie nicht erzählen. Denn es ist das Klischee pur. Eine Vierzehnjährige fängt in der Türkei am Strand etwas mit einem älteren Typen an. Der auch noch Fotograf ist. Der sich dann nicht meldet.

Selbst ich will diese Geschichte nicht hören.

Entweder ist sie eine Schlampe, dass sich den ersten Typen gekrallt hat, oder sie ist total naiv und blöd und lässt sich ausnutzen.

Murat hat mich aus seinem Leben geschmissen.

Aber das Schlimme ist, dass er mich aus meinem Leben geschmissen hat.

Als Sechsjährige habe ich mich einmal ausgesperrt. Ich bin kurz nach unten gelaufen, um mir eine Bastelschere zu holen. Dann knallte die Tür zu und der Griff fiel ab. Ich versuchte, sie aufzumachen, aber schaffte es nicht. Ich fing an zu weinen und weinte, bis mein Papa kam und die Tür öffnete.

Jetzt bin ich wieder ausgesperrt.

Ich kann nicht in mein Zimmer zu meiner Schaukel, meinem Bett, meinen Büchern und meiner Musik – und ich kann mich nicht ausruhen, denn es ist doch mein Zimmer und ein anderes habe ich nicht. Ich campiere im Flur, weil ich den Griff nicht finde.

Die Zeit vor der Türkei, meine Schulklasse, das Reiten, meine Tanzgruppe – es ist so weit weg wie der Mond. Wie in der Matrix. Mein Leben gehört mir nicht mehr, obwohl es nur fünf Wochen entfernt ist.

Was Murat mir nicht erzählt hat, ist, dass Cyprus Hell ansteckend ist. Und auch nicht, wie es zu Ende geht.

Als der Mai richtig durchbricht, ist das Praktikum vorbei. Endlich scheint die Sonne und die Schule fängt an. Und ich liege mit Fieber im Bett und mein Körper ist nicht mehr mein Freund.

Meine Mutter sagt das Tanztraining für drei Tage ab. Ich bleibe drei Tage im Bett. Und die Türkei sinkt in mir wie ein Stein.

Antalya ist die zweite Wetterstation in der Zeitung. Nach Amsterdam. Wenn es wolkig ist, freue ich mich, weil ich weiß, dass es keine Sonnenuntergangsfotos geben wird. Keine Frauen, die eine Sonnenkugel auf der Hand balancieren und ihre Haare rot aufflammen lassen.

Er schreibt nicht und ich schreibe ihm jeden Tag. Im

Kopf. Schwanke immer zwischen Wut und Hoffnung. Wut, dass er mich aus seinem Leben geschmissen hat. Mich wie ein Kind behandelt, mir nichts gesagt hat.

„Du machst das Gleiche mit mir, was dein Cousin mit dir gemacht hat, als du als Fotograf bei ihm angefangen hast. Dabei konntest du es nicht aushalten, wie ein dummes Kind behandelt zu werden. Du hast dir einen neuen Job in einem anderen Hotel gesucht."

„Du machst das Gleiche mit mir, was die anderen Westmädchen mit dir gemacht haben. Sie haben dir einfach nicht mehr geschrieben und dich auf Facebook ausgesperrt. Ohne Erklärung."

„Du machst das Gleiche, was die Kellner machen. Du „parkst" mit mir und meldest dich nicht."

„Du entscheidest über mich wie über deine Schwester, die du herumkommandierst. Obwohl du mit mir rummachst, darf sie sich nicht mit Jungen treffen, obwohl sie älter ist als ich. Das ist so fies und unfair."

„Ich verstehe nicht. Warum? Was ist jetzt anders? Du wusstest doch, dass ich 14 bin?"

„Warum???????"

Aber ich schicke diese SMS nicht ab.

In der Schule berichten alle von ihrem Praktikum. Ich erzähle nichts von der Türkei. Ich stehe daneben und höre mit halbem Ohr zu. Zwischendurch zwinge ich mich, zu grinsen und etwas von meinem Praktikum zu erzählen.

„Einmal sind die Rinder ausgebrochen und wir mussten sie eine Stunde lang einfangen."

„Ich bin zweimal Trecker gefahren. Das war cool."

Manchmal schaue ich dauernd auf das Handy, heimlich, dass die Lehrer es nicht mitbekommen. Und an anderen Tagen bin ich so deprimiert, dass ich es zuhause lasse und am liebsten nie wieder auf das Display gucken will.

Bis mich die Sehnsucht wieder überschwemmt wie diese Wellen in der Bucht, und ich kann nicht aus meinen Tagträumen erwachen.

Ich wünsche ihn mir hier, will ihm meine Welt zeigen. Er würde im Winter kommen und ich würde ihm einen warmen Pullover kaufen. Wir würden durch den schneebedeckten Wald laufen. Wir würden englische Filme anschauen und durch die Stadt gehen. Eng umschlungen, denn wir hätten keine Angst, dass uns das Hotelpersonal oder die Polizei aufstöbert.

Und er könnte in den türkischen Imbissläden essen und Türkisch sprechen und würde nichts vermissen. Drei oder vier Wochen.

Er würde in meinem Zimmer wohnen. Und alles wäre ganz anders als auf der Wiese in Side, denn wir hätten Zeit. Richtig viel Zeit.

Ich könnte ihn sehr gerne haben. Sehr gerne. Nur das irre türkische Tempo hat mir Angst gemacht.

Aber er wäre mein perfekter Freund und würde perfekt in mein schmales Bett passen.

Er könnte Deutschland fotografieren. Wir würden in Konzerte gehen. Die coolsten Bands in Köln angucken. Das würde ihm gefallen. Wir würden Tanzen gehen. Da reißt der Film, denn es gibt trotz Großstadt keinen Ort, wo wir Tanzen gehen könnten. Er dürfte nicht in die Jugendclubs und ich nicht in die normalen.

Warum haben wir nicht einmal getanzt? Warum weiß ich nicht, wie die Haut auf seinem Rücken aussieht? Warum kann ich mir sein Zimmer nicht vorstellen und nicht die sanfte Art, wenn er auf Türkisch seinen bettelnden Hund am Tisch wegscheucht oder mit seiner kleinen Schwester spielt? Ich wünschte, ich hätte wenigstens irgendetwas von ihm. Ich wünschte, ich hätte seine Cordjacke. Ich könnte sie mit ins Bett nehmen und morgens zur Schule anziehen. Eine Zeitlang könnte ich in seiner Jacke wohnen und seinen Murat-Geruch atmen und über den abgeschabten Ärmel streichen.

Oder ich will bei ihm sein. In der Türkei zu dem grünen Canyon fahren und eine riesige Wanderung durch das Gebirge machen. Am liebsten mit einem Zelt auf dem Rücken die Schluchten entlang wandern, vorbei an Felswänden und Wasserfällen.

Oder wir könnten uns in Istanbul treffen. Das wäre westlich genug für mich und türkisch genug für ihn. Wir würden uns alles angucken, jede Menge Musik hören und wir könnten uns an den Händen halten und in den Straßen küssen.

Ich versuche, mich nur an die schönen Seiten zu erinnern. Die Bauchschmerzseite sperre ich tief unten in meinen Kopf ein. Bleibe bei dem, was ich an ihm mag. Dass er sich selber Schwimmen beigebracht hat und jeden Tag geübt hat, um den Job für die Fotoshoots am Meer zu bekommen. Dass er seiner Schwester hilft, einen richtigen Beruf zu bekommen. Wie er den kleinen Jungen in der Anlage ermutigt hat, die Wasserrutsche zu probieren. Wie er ihn zwischen den Fotos immer wieder angelacht hat. Dieses besondere Lächeln, das sein Gesicht schön macht. Die abgekauten Fingernägel. Dass er weinen kann und Heimweh hat. Dass er mir immer seine Jacke oder seine Sonnenbrille gegeben hat, wenn ich meine vergessen hatte. Dass er seiner Exfreundin geholfen hat, einen Job im Hotel zu bekommen, obwohl er so verletzt von ihr war. Dass er nachts oft wach ist und sich englische Bands anhört. Und sich seine Haare verstrubbelt, wenn er nervös ist.

Wenn ich seinen Blick gespürt habe und er die Stirn wieder in Sorgenfalten hatte, konnte ich ihn anstupsen oder seine Hand nehmen, und immer musste er dann lächeln und hat sich entspannt.

Ich möchte Wurzeln schlagen in dem Hotelgarten. Für immer dort bleiben. In der Stille. Die Himbeeren vom Strauch essen. Dort auf der Erde liegen und den Duft der Orangenblüten atmen. Mich sonnen in seinem Lächeln.

Und wir würden nicht zum Strand gehen. Er würde sich neben mich legen und meine Hand nehmen und wir würden zusammen in den Himmel schauen, bis der sich sanft verfärbt.

Marie will ich es gerne erzählen. Möchte seinen Namen in jedem Gespräch unterbringen. Aber sie ist allmählich genervt davon.

„Es ist doch Wochen her. Du musst es abhaken. Komm schon, in zwei Wochen hast du Geburtstag. Lass uns überlegen, wie du feiern kannst."

„Ob er mir wohl an meinem Geburtstag schreibt? Nur blöd, dass ich noch nicht 16 werde, dann könnte ich hinfahren."

Marie verdreht die Augen.

„Du wirst aber fünfzehn. Also, was willst du machen? Eine Fete?"

Für die anderen ist es abgehakt. Ein Urlaubsflirt. Scheinbar etwas Alltägliches, was zum Erwachsensein gehört wie Führerscheinprüfung und Beine rasieren. Sonne, Strand, Kuss, Foto – zuhause fünf Tage davon träumen und zwei Wochen damit angeben. Und dann ist es abgehakt. Sie verstehen nicht, dass ich immer noch daran denke.

Ich verstehe es selber nicht.

Aber es macht mich wütend, dass Marie und meine Eltern erwarten, dass ich wieder wie vorher sein soll. Abhaken.

Hat Murat mich abgehakt? Will er über mich reden? Und mit wem? Redet er mit Hassan über mich? Würden seine Eltern und seine Freunde sich das überhaupt anhören, oder ihn mit einer harschen Bemerkung abschneiden? Würde seine Familie ihm Vorwürfe machen? Oder sind Westmädchen sowieso zweite Klasse?

Es ist nicht abgehakt. Ich denke oft daran. Jeden Abend.

Ich denke an die Dänin. Sie ist jetzt zwanzig und lebt wieder in Side. Warum? Denkt sie, dass Murat oder der Mann aus Ankara zu ihr zurückkommen? Oder siebt sie die türkischen Männer durch, in der Hoffnung, dass ein netter hängen bleibt? Siebt Murat die Westmädchen durch?

Bin ich anders, oder ist die Welt anders?

Als das Grubenunglück in Soma passiert, hänge ich ständig vor dem Radio. Dreihundert Tote in der Türkei. Ich kann nicht verstehen, wie das möglich sein kann und gucke fassungslos auf die Trauerzüge und die Wut der Hinterbliebenen in den Nachrichten. Es gibt rund 100.000 Türken in Köln, aber ich kenne niemanden.

Meine Schule trägt ein ‚christlich' im Namen und das schreckt alle Türken ab. Ich meiner Stufe gibt es zwei Schüler aus Korea und eine Schülerin aus Vietnam. Die sollen hier Abitur machen und nebenbei an der Musikhochschule studieren. Ein Junge besucht schon die Mathevorlesungen an der Uni.

Und unser Schüleraustausch geht immer nach Westen. Die Austauschschüler leben für drei Monate in Frankreich, der Schweiz oder in Kanada. Es gibt Französisch-Zusatzkurse, weshalb mein Französisch besser als mein Englisch ist. Sogar bei den Geburtstagen der Fünftklässler wird auf Französisch gesungen. Da in Köln so viele Türken und Russen leben, fände ich es irgendwie praktischer, wenn wir ihre Sprache lernen würden.

Und dann kommt Erdogan nach Köln und die ganze Stadt ist türkisch. Ich sitze nach dem Tanz-Training im Bus und stehe im Stau, obwohl die Linie wegen der Demonstrationen schon umgeleitet wurde. An beiden Seiten des Busses ziehen Menschen vorbei. Auf den Plakaten steht: Erdogan eve gitmek! Erdogan go home!

Die Menschen tragen T-Shirts, auf denen steht: Taksim ist überall. Erdogan Mörder! Sie schreien deutsche und türkische Parolen und sind so laut, dass die Scheiben des Busses vibrieren. Eine Fahnenstange knallt gegen das Fenster.

Der Busfahrer flucht und bremst.

Wir stehen, während rechts und links die Menschen vorbeiziehen. Eve gitmek! Frauen und Männer, viele haben wilde Gesichter und brüllen ohne Pause. Als der Bus in die Nebenstraße einbiegt, ist da ein großes Polizeiaufgebot.

„Wir kommen hier nicht durch", schimpft der Busfahrer. „Es sind acht Demonstrationen. Sollen 30.000 Leute da draußen sein. Der Bürgermeister wollte nicht, dass der kommt." Er seufzt und schüttelt den Kopf. „Wir fahren eine andere Route."

Es dauert zwei Stunden, bis ich zuhause bin.

Abends gucke ich mit Papa Nachrichten.

Erdogan spricht in einer riesigen überfüllten Halle. Ich habe ihn noch nie gesehen, aber er ist nicht wie ein Politiker, eher ein alternder Popstar. Er wiederholt seine Slogans und tritt immer wieder an den Bühnenrand. Und immer wieder fangen die Menschen an, zu singen, als würde er sein Abschiedskonzert geben und nicht Wahlkampf machen.

„Wir lassen uns nichts sagen. Die Türkei ist wer. Es geht aufwärts." Wieder Singen und minutenlanges Beifallklatschen. Ich muss grinsen, wenn ich mir vorstelle, dass Angela Merkel einen Schlager vorsingt. Sie verlässt ihr Rednerpult und stimmt ein Lied an. Bestimmt wären alle so verblüfft, dass niemand mitsingen würde. Und was für ein Lied sollte sie singen? ‚Atemlos durch die Nacht'? Oder eine Fußballhymne?

Papa erklärt mir, dass Erdogan hier Wahlkampf macht, weil die in Deutschland lebenden Türken bei der nächsten Wahl mit abstimmen können. Und dass die türkische Bevölkerung gespalten ist und ihn entweder für einen Helden oder für einen Schurken hält.

Murat, der immer so moralisch ist und immer alles richtig machen will, wäre erstaunt, wenn er mich jetzt sehen könnte. Ich stehe nachts auf und gehe an den PC und lese über die Türkei. Anstatt mein Referat über Chile zu schreiben, gebe ich immer wieder die Türkei ein.

Über Side – ein Rentnerparadies im Winter und ein Dreckloch im Sommer.

50.000 Rentner überwintern im Süden und davon ein großer Teil an der Küste in der Nähe von Antalya. Im Sommer fahren viele Touristen dahin, um zu trinken und Sex zu haben.

Aber ich höre nicht darauf. Die Türkei ist riesig. Und aus den Bergen rauschen die Flüsse herunter, eiskalt und klar, um die überhitzte Küste abzukühlen.

Mindestens einmal die Woche überlege ich, ob ich mir facebook zulege. Aber was hätte es für einen Sinn? Die Chance, ihn zu erreichen, ist minimal. Er wird mich wegklicken – mich noch einmal rausschmeißen. Und das würde mir noch mal ein blaues Auge hauen. Diese fünf verrückten Türkeitage sind das 1000-Teile-Puzzle, das ich allein lösen muss. Ein schwieriges Puzzle, so wie diese Bilder, die später ein Meer oder einen Gebirgszug bilden.

Ich lese halbe Nächte.

Alanya. Samsun. Istanbul. Soma. Zwangsheirat. Taurusgebirge. Türkischer Militärdienst. Türkisches Gefängnis. Taksim.

Über die Demonstrationen in Istanbul.

Letztes Jahr – wo war ich letztes Jahr? Warum habe ich das nicht mitbekommen? Ich finde eine Seite von türkischen Studenten aus Köln. Eine Studentin schreibt, dass sie mit drei Autos nach Istanbul gefahren sind. Sie haben sich mit Kugelschreibern die Nummern ihrer deutschen Pässe auf die Unterseite der Arme geschrieben. Und dahinter die Blutgruppe, weil sie damit rechneten, schwer verletzt zu werden. Sie waren dabei, als der Gezi-Park von der Polizei geräumt wurde. Ich schaue die Fotos an, die sie gemacht haben. Kriegsbilder. Ich bin so geschockt. Es sind richtige Kriegsbilder. Wie können aus der Türkei solche Bilder kommen? Und wie können in einem türkischen Gefängnis so viele Leute sterben?

Die Studentin ist vielleicht zwanzig. Oder zweiundzwanzig. Wo ist Murat? Ich würde gerne wissen, was er denkt. Sein Vater sei ein Erdogan-Mann, hat er Papa erzählt.

Ich lese über Istanbul. Auf allen Bildern ist die Stadt so wunderschön. Istanbul soll eine der schönsten Städte der Welt sein.

Und ich verstehe Murat, während ich nachts vor dem PC sitze, besser. Ich kann ihn vor mir sehen, wie er im Winter viel Zeit vor dem Computer verbringt. Er spielt Spiele und hört sich Bands auf YouTube an. Und er schreibt seiner englischen Freundin. Warum hat er sich mit seinen Freundinnen immer für den nächsten Sommer verabredet?

Die ältere Schwester von Ida hat einen Freund in Kanada. Ida sagt, dass sie skypen und mailen und sich alle drei Monate sehen.

Eine Woche Türkei im Winter ist billig. Wenn man kein Luxushotel nimmt, gibt es Angebote um 400 Euro. Und es gibt Schulferien oder Urlaub – weiß Murat das nicht? Wenn ich seine Freundin wäre, würde ich ihn in jeden Ferien besuchen.

Wahrscheinlich surft Murat im Netz und besucht die Städte seiner Freundinnen. Läuft durch ein virtuelles London. Bristol. Im Winter schreibt er seinen Freundinnen oft – bis sie ihn löschen, weil ihnen seine täglichen Nachrichten zu viel sind.

Aufwachen

Nach knapp sechs Wochen kommt ein Päckchen aus der Türkei. Purz, reichlich abgeschabt an der rechten Pfote, ist zurück. Neben ihm liegen drei Päckchen Gummibärchen, die man im Flugzeug bekommt, und ein Begleitbrief.

„Als familienfreundliches Unternehmen wissen wir, dass Stofftiere und Spielzeug für die Kinder unersetzbar sind. Aus diesem Grunde wird Ihnen für die Zusendung keine Gebühr erhoben. Wir hoffen, dass Sie Ihren Urlaub genossen haben und uns mit Ihren Kindern bald wieder bereisen werden."

Ich weiß nicht, ob ich lachen oder mich ärgern soll, aber ich bin froh, dass Purz wieder da ist. Er ist der Einzige, der Mama widersprechen darf und unverschämte Fragen stellen kann. Ich drücke ihn kurz und steche dann fest in seinen Bauch.

„Na, hat ganz schön lange gedauert. Haben sie keinen Sprengstoff in dir gefunden?"

Am Wochenende überredet mich Marie, mit ihr feiern zu gehen.

„Jetzt komm schon, es gibt so selten Clubs, wo ich reinkomme. Und du kannst dir auch mal andere Jungen angucken."

Ich verziehe das Gesicht.

„Dann eben keine Jungen. Dann eben nur tanzen."

Marie wackelt mit dem Hintern und tanzt durchs Zimmer, bis ich lache. Der Club ist eigentlich ab 18, aber einmal in drei Monaten machen sie eine Veranstaltung für Jugendliche ab 14. Eigentlich freue ich mich immer aufs Feierngehen.

Im Club ist es voll. Die Musik ist sehr laut und die

Luft ist stickig und warm. Marie zieht mich sofort auf die überfüllte Tanzfläche. Seit neuestem liebt sie Tanzen fast genauso sehr wie ich.

In der Mitte der Tanzfläche quirlt ein Knäuel aus schwarzhaarigen Jungen. Ich beobachte sie. Sie tanzen gut. Während die deutschen Jungen nur am Rand herumwippen und mit den Köpfen nicken, versuchen diese, die Mädchen mit ihren Moves zu beeindrucken. Das können sie wirklich ganz gut. Sie tanzen Hip Hop. Einer kann sogar auf einer Hand stehen. Ein anderer sitzt auf den Schultern von jemandem und macht immer wieder ein Zeichen mit den Händen, wobei er die Daumen miteinander verhakt und die restlichen Finger wie Flügel bewegt.

Ich schaue mir die türkischen Mädchen an, die in Gruppen zusammenstehen oder tanzen. Sie haben lange Haare und die typischen Mainstream-Klamotten. Sie sind alle stark geschminkt und tragen viel Schmuck. Die meisten sind kleiner als ich.

„Glaubst du, die haben alle ihre Brüder dabei?"

Marie guckt fragend und ich schreie wegen der Musik in ihr Ohr. Sie schüttelt den Kopf und zeigt auf ein rundliches Mädchen.

„Nein. Büsra geht in meine Klasse. Die hat gar keinen Bruder. Außerdem sind viele auch Kurden."

„Und brauchen die auch einen Aufpasser?"

„Keine Ahnung."

Marie und ich tragen Flohmarktklamotten und Marie hat sechzehn Zöpfe. Wir tanzen wild. Es macht Spaß, außerhalb des Tanzprojektes zu rocken, und es macht Spaß mit Marie, die noch vor kurzem nie tanzen wollte. Ein türkischer Junge fasst sie von hinten an die Hüfte, aber sie dreht sich rasch weg und tanzt mit mir rückwärts. Wir tanzen uns ein Stück von dem Jungen weg.

„Nicht angucken. Es wachsen ihm sonst Krakenarme."

Marie lacht.

„Ja, und mehr als zwei."

Die deutschen Jungen stehen nur da und warten, dass wir sie ansprechen.

Bei den Underage-Partys sind die Drinks frei. Aber es gibt keinen Alkohol. Als ich uns etwas zu trinken holen will, muss ich mich an der Theke anstellen. Ein türkischer Junge spricht mich an. Zuerst will ich mich wegdrehen, aber dann entscheide ich mich um und lächele ihn an. Er wird mir etwas über die Türkei erzählen können.

Er heißt Onur.

„Kommen deine Eltern aus der Türkei? Hast du Verwandte dort?"

„Ja. Hast du einen Freund?"

„Nein. Leben sie an der Küste oder im Inland?"

„Willst du tanzen?"

„In welchem Ort leben sie? Und fährst du sie oft besuchen?"

Er sieht mich verwirrt an.

„Lieber trinken?"

„Warst du schon mal in Istanbul?"

„Nein."

„An der Küste. Bist du jeden Sommer in der Türkei?"

„Nein. Lass rausgehen, reden."

Er legt mir grinsend den Arm über die Schulter und zieht mich heran, aber ich ducke mich weg.

„Nein. Danke."

Es ist hoffnungslos. Und das Wasser habe ich auch verschüttet.

Ich drehe mich schnell um und gehe wieder zu Marie, die erleichtert ist, mich zu sehen.

Meine Eltern, die sonst immer total streng mit der Schule sind, sagen kein Wort, als ich in Mathe und Französisch mit einer Vier nach Hause komme.

Zweimal liegt abends ein neuer Comic auf meinem Bett und einmal holt Papa mich von der Schule ab und wartet mit einem Riesenportion Eis im Auto.

Meine miese Stimmung ist vermutlich der Grund für mein Geburtstaggeschenk. Meine Eltern schenken mir eine Frankreichtour. Frankreich ist in meiner Schule nun wirklich keine Überraschung, aber anstatt eines Sprachkurses bekomme ich eine Rundreise mit Marie als Begleitung. Und mit drei Tagen Paris plus dickem Shopping-Gutschein.

„Wahnsinn! Ich durfte dir nichts verraten. Deine Eltern wollten dich überraschen. In drei Wochen sind wir schon da."

Marie strahlt mich an.

„Jetzt fahren doch noch zusammen in Urlaub."

„Toll".

„Paris! PARIS!! Die beste Stadt der Welt. Stadt der Liebe!"

Ich gucke sie an. „Stadt der Kunst? Stadt der Mode? Stadt der ... "

„Okay."

Sie küsst mich auf die Wange und sagt leise, dass meine Eltern es nicht hören: „Es wird toll, versprochen. Vergiss die Türkei, okay? Der Typ ist weg, vergiss ihn. Frankreich wird anders. Es wird super."

„Okay, entschuldige, dass ich so ein Weichei bin."

„Schon gut. Happy Birthday, Lieblingsweichei, aber die Fete holen wir nach."

Drei Tage später ist das Stadtfest. Mit der Tanzshow.

„Herhören Leute, es ist Einlass. Denkt an alles, was bei den Proben besprochen wurde. Geht noch einmal in euch. Die Ersten sind in einer Viertelstunde dran", ruft eine der Tanzlehrerinnen.

„Viel Glück."

Schnell gehe ich noch einmal die drei Choreographien im Kopf durch. Komischerweise verschwimmen sie da, wo ich noch nie einen Fehler gemacht habe. Ich gehe, um mir noch einmal etwas zu trinken zu holen, und komme an meiner Tanzlehrerin Christina vorbei.

„Hey Linda, bist du aufgeregt?"

„Ja."

„Denk dran, mit Gefühl zu tanzen. Wenn du das tust, wird die Aufführung unglaublich. Du kannst die Choreographie, aber du musst sie auch fühlen, okay?"

Ich gucke sie an.

„Genieß das Tanzen. Spür dich. Du schaffst das, ganz sicher."

Ich nicke. Es stimmt, ich muss sie fühlen. Bei den Proben war ich oft unkonzentriert. Aber dieses Mal nicht, sage ich mir selbst.

Ich bin aufgeregt, aber der Saal liegt im Dunkeln und ich kann die vielen Augen nicht sehen.

Ich weiß, dass meine Eltern, Marie und drei Mädchen aus der Klasse da unten sitzen. Und neben und hinter mir stehen die anderen Tänzer.

Mein Herz klopft, als die Musik einsetzt.

Aber dann ist es wie bei den Proben. Ich kann den Ablauf und jede Drehung im Schlaf.

Die Gruppe ist aufeinander eingestimmt und zusammen bewegen wir uns wie ein großes Tier.

Ich wünschte, Murat könnte mich sehen. Denn ich bin gut. Ich tanze für ihn.

Und ich befolge die Forderung der Tanzlehrerin. Ich tanze meine Gefühle. Verdammt, ich bin keine gelenkige Puppe. Ich tanze Cyprus Hell.

Und weil es in mir wohnt oder ich in ihm, tanze ich es gut.

Insgesamt bin ich drei Mal auf der Bühne. Bei der letzten Choreo denke ich überhaupt nicht mehr. Mein Körper erinnert sich an jede Bewegung.

Ich spüre das Pulsieren bis in meinen Fingern.

Die Zeit fliegt vorbei.

Der Applaus setzt ein und nur an meinem Atem und dem herunterrinnenden Schweiß merke ich, dass wir vierzig Minuten auf der Bühne waren.

An seinem Geburtstag schreibe ich meine letzte SMS. Zum Glück ist es in der Türkei eine Stunde später und ich muss nur bis dreiundzwanzig Uhr wach bleiben. Drei Minuten vor dreiundzwanzig Uhr schicke ich sie los.

„Happy Birthday. Linda"

Diesen einen Pfeil schicke ich. Ich weiß, dass ihm diese SMS einen oder zwei Fingernägel kosten wird. Und eine Schachtel Zigaretten. Und ein paar Stunden Schlaf. Gut so.

Drei Wochen später fangen die Sommerferien an. Ich packe, und ohne sie anzuschauen schmeiße ich den Bikini, die Shorts und die Sonnenbrille in den Koffer.

Jetzt noch das geblümte Sommerkleid. Darin eingewickelt ist das Fotoalbum. Und die vergrößerten Bilder. Und die CDs.

Ich habe kein Foto aufgehängt.

Ich schiebe die beiden CDs in den Computer und lasse sie durchlaufen.

Murat hat 194 Fotos geschossen. 194 Fotos! Und dann noch die Fotos, als wir ankamen und die Bilder, die er von meinem Gesicht in der Bude gemacht hat. Auf den Anfangsbildern an der Mauer sehe ich skeptisch aus. Manchmal gucke ich, als ob ich mich schäme. Ich habe dieses typische Linda-Grinsen, das ich in der Schule habe, wenn meine Matherechnung falsch ist oder ich meine Sportsachen vergessen habe. Aber die Fotos im Garten sind anders, so, als ob eine Freundin das Bild macht und wir zwischendurch herumalbern und dann zusammen übernachten werden.

Ich rolle das Poster aus und sehe mein Gesicht vergrößert. Ich rieche an der Rose. Aber das stimmt nicht, denn dann hätte ich Augen geschlossen. Und die Rosen hatten kaum Duft. Ich bin nur in meinen Augen. Und es gibt die zwei Fotos von uns und drei Bilder, wo ich ihn aus dem Familienbild herauskopiert habe. Ich nehme Papas Lupe und gucke mir jeden Zentimeter an.

Er steht allein und hinter ihm der blaugraue Stausee und die hohen Berge. Ich suche ihn. Nicht nur die schönen Klamotten, diese tolle Cordjacke und seine dichten Haare. Jeden Zentimeter. Auf zwei von den drei Bildern steht der rechte Fuß nicht auf der Erde. Murat kippelt, und selbst in den weißen Turnschuhen sieht man, dass er die Zehen hochzieht. Seine linke Hand ist fast geballt und auf dem letzten Foto umklammert er den Stoff seiner Jeans.

Ein Bild zeigt ihn im Profil. Er sieht ernst und erwachsen aus und könnte auch fünfundzwanzig sein. Er sieht wie ein Mann aus, wie jemand, der ein Auto kauft und einen Beruf hat.

Die Fotos von uns beiden schaue ich zum Schluss an. Mama hat sie vorher gemacht, am Wasserfall. Überall stehen Touristen. Hinter uns schäumt hellgrünes Wasser durch Felsspalten. Umrauscht winzige bemooste Felsinseln, auf denen kleine Bäume wachsen. Unsere Köpfe über dem Geländer sind umrahmt von diesem Grün, das uns durch die Ohren zu fließen scheint.

Auf einem Foto stehen wir dicht nebeneinander und ich meine, seine Hand im Rücken zu fühlen. Flüchtig.

Auf dem anderen Bild schauen wir uns an. Ich sehe aus wie ich.

Er lächelt mich an, aber beim genauen Hinsehen entdecke ich, dass sein Kiefer zusammengepresst ist. Sogar eine Ader am Hals ist sichtbar. Er will gefallen. Er will alles richtig machen. Obwohl er halb krank ist, strengt er sich an.

Er weiß, dass die Zeit gegen ihn läuft. Er weiß, dass seine Chance minimal ist.

Direkt nach der Aufnahme wendet er sich wieder meinem Vater zu und wird auf Englisch mit ihm über Autos und Häuserkauf in Deutschland reden.

Ich packe die Fotos und das Kleid wieder zusammen und schiebe es unter den Stapel mit den Winterpullovern.

Frankreich

Am letzten Abend lassen meine Eltern uns an der Strandpromenade heraus. Es ist voller geworden. Für die Franzosen fangen die Ferien heute erst an.

„Wir treffen uns um elf Uhr wieder hier, okay? Habt ihr eure Handys? Wir sind in der Creperie, falls ihr früher zurück wollt", sagt Papa.

Mama drückt uns zwanzig Euro in die Hand.

Also Mädels, wie lautet die Regeln?"

Marie lacht.

„Alles, was mit vin... anfängt, ist verboten."

Sogar ich muss grinsen.

„Vingt et un, vingt et deux, vin rouge ...", zählt Marie auf.

„Richtig. Alles was mit vin anfängt, also zwanzig oder Rotwein – die Antwort ist immer: „Non, merci!"

Marie lacht.

„Oui, oui."

„Keine ungebetenen Gäste heute. Genießt euren letzten Abend hier."

Mama zwinkert und fährt los.

Ich verdrehe die Augen.

An der Promenade stehen überall Musiker. Ein farbiger Typ spielt leidenschaftlich Gitarre. Er hat einen CD-Player neben sich stehen. Obwohl er die Lippen bewegt, bin ich mir nicht sicher, ob er selber singt.

„Komm, wir holen uns eine Crepe."

Gut, dass Marie die gleichen Crepes mag wie ich, so können wir uns zwei teilen. Erst Käse, dann Nutella.

„Avec beaucoup de Nutella, s'il vous plait."

Die Frau grinst und macht extra viel Nutella auf die hauchdünne Crepe.

„Merci."

Wir setzen uns auf eine Bank an einem kleinen Bouleplatz an der Promenade. Vier ältere Leute spielen.

„Mm, ich liebe Frankreich. Französisches Essen, das Meer und viele süße Jungs", sagt Marie. Sie legt den Kopf an meine Schulter.

„Und die Jungs ohne Vogelnester auf dem Kopf."

Ich halte das Gesicht in die Sonne und lächele zustimmend, obwohl Marie die Augen geschlossen hat und dies nicht sehen kann.

„Dass denen das nicht zu heiß ist."

Ich zeige auf die schwitzenden Boulespieler.

Wir beobachten die Promenade und den Bouleplatz. Es ist wirklich wunderschön hier.

„Wollen wir gleich schwimmen gehen?", frage ich.

„Vielleicht gleich, schau mal."

Eine Gruppe von sechs Jungen beginnt Boule zu spielen. Ich grinse amüsiert.

„Also nicht schwimmen."

„Wir könnten ihnen ja ein bisschen zuschauen."

Die Jungs spielen ganz gut. Als einer mir zulächelt, lächele ich schüchtern zurück.

Nach einer Zeit fragen sie uns – natürlich auf Französisch – ob wir mitspielen wollen. Marie, die kein Französisch spricht, sieht verwirrt zu mir.

„Qui, nous voulons jouer", antworte ich.

„Bien, tu parles français?", fragt der Junge.

„Un petit peu." Ich grinse.

Boule spielen ist einfacher als gedacht. Jeder der Jungen möchte uns die Spielregeln erklären. Auf Englisch, Französisch, und ein Typ versucht es sogar auf Deutsch. Zwei Jungen stehen dicht neben mir und möchten mir Französisch beibringen. Maries Favorit heißt Pascale. Ich finde die Jungs ganz okay, habe aber keinen, der mir besonders gut gefällt.

Wir spielen eine ganze Zeit. Als ich den Dreh raus habe, macht es richtig Spaß. Die Jungen feuern uns an, wenn wir nah an die kleine Kugel heran werfen.

„Was meinst du? Gehen die noch zur Schule?", flüstert Marie.

„Warum flüsterst du, die verstehen uns doch sowieso nicht."

Ich kichere.

„Vous allez encore à l'école? Vous vous connaissez donc?"

Ein Schwall französischer Wörter. Alle wollen dazu etwas sagen.

„Was?"

Marie stößt mich an.

„Manche gehen noch zur Schule. Einige hatten jetzt die Abschlussprüfungen. Aber sie kennen sich aus einem Sportclub, ich glaube sie spielen Volleyball", erkläre ich.

„Volleyball, oui! Nous sommes très sportive."

Einer der Jungs wirft sich in den Sand. Er beginnt Liegestützen zu machen.

„Combien de pompes pour un baiser?"

Wir lachen.

„How many for one kiss? "

„30?"

Pascal schmeißt sich gleich daneben.

„1000!!"

Alle lachen. Ich muss auch lachen. Einer aus der anderen Gruppe kickt eine Ladung Sand über sie. Wir spielen weiter und wechseln die Teams. Ich tausche schnell mit Marie, damit sie mit Pascal spielen kann.

„Allo? Do you want to take some pictures? Prendre des fotos?", ruft ein junger Mann plötzlich vom Rand des Bouleplatzes.

WAS?

Er kommt zu uns mit seiner Kamera.

„Prendre des fotos? Fotos machen? Fotoshoot?", hakt er nach.

„Non. Nein, danke", stottert Marie.

„Oh non. Come on. Where do you come from? Germany?"

„Ja."

„So nette, schöne Mädchen. Ihr seid ein so schönes Motiv. Come on."

Er kommt einen Schritt auf mich zu.

„Non, merci. Nous ne voulons pas. Au revoir", höre ich einen der Jungs sagen.

Der Fotograf hebt die Kamera und sieht mich an. Ich funkele ihn wütend an.

„Merde, lass mich in Ruhe! HAU AB!"

Die Jungs starren mich überrascht an.

Und dann gehe ich einfach weg. Ich laufe das Stück bis zum Wasser.

„Warte, Linda!", ruft Marie.

Sie rennt hinter mir her.

Als sie auch am Wasser ist, fragt sie: „Bist du okay?" Marie sieht mich an. Sie hat ein rotes Gesicht, entweder von der Sonne oder der Aufregung.

„Jaja", sage ich hektisch.

„Lass uns zurückgehen, der Fotograf ist weg", sagt Marie. „Oder möchtest du nach Hause? Oder hier bleiben? Ist es wegen Murat?"

Ich antworte nicht.

„Immer noch? Wer weiß schon, was passiert. Vielleicht siehst du Murat nie wieder, vielleicht heiratest du ihn. Vielleicht heiratest du auch den Idioten aus der Schule, der dir Papierschnipsel in die Haare steckt. Oder du heiratest gar nicht. Wer weiß. Du kannst es bestimmen."

„Ich weiß."

„Linny?"

„Mir geht es gut."

„Dann lass uns zurückgehen. Die Jungen sind noch auf dem Platz. Sie warten auf uns. Adrian hat gefragt, ob du okay bist. Und ich möchte so gerne Pascal sehen. Morgen fahren wir doch schon. Wir könnten noch einmal spielen. Und danach Eis essen. Oder am Strand sitzen. Bitte, Linny. Ohne dich traue ich mich nicht. Bitte. Ich verstehe doch nichts. Ihr Englisch klingt auch wie

Französisch."

„Ich habe keine Lust auf Jungen!"

„Du brauchst die Jungen gar nicht angucken. Aber ich will ihn sehen. Er hat mich angelächelt. Was macht schon ein Boulespiel? Nur eins. Ein einziges Spiel. Mir zuliebe, bitte Linny."

Ich schulde ihr etwas. Sie hat sich die ganze Zeit die Murat-Tiraden angehört. Jetzt ist sie dran, und dieser Pascal ist ja auch ganz okay. Adrian ist auch nett.

„Ja, ich komme gleich. Ich will nur noch einen Moment hier bleiben. Ich gehe ein bisschen am Meer spazieren und wir treffen uns gleich an der Surf-Bude."

„In zehn Minuten! Wir warten auf dich. Ich gehe in das Café da vorne und schminke mich. Wie sehen meine Haare aus?"

Ich stöhne. „Gut. Du siehst gut aus. Bis gleich."

„Danke, danke, danke, du bist die beste Freundin der Welt."

Marie umarmt mich kurz und ist schon weg.

Der Strand hat sich geleert. Die kleinen Kinder mit ihren bunten Spielsachen sind längst beim Abendbrot und die Sonnenliegen aufeinandergestapelt.

Ich gehe ein Stück an der Wasserkante entlang. Bald kommen jede Menge Jugendliche. Sie werden Wein und Bier mitbringen und in großen Gruppen am Strand lagern. Sie bleiben die halbe Nacht und man hört sie nur und sieht das Glühen der Zigaretten. Aber jetzt noch nicht.

Vor mir geht ein Liebespaar eng umschlungen. Die Frau hat Locken wie ich und der Mann ist skinny. Sie sind fast gleich groß. Sie bleiben immer wieder stehen, um sich zu küssen. So als ob sie das jeden Tag machen würden. Als ob sie zusammen gehören würden. Für die beiden gibt es bestimmt den nächsten Winter.

In meinen Tagtraum kann ich nicht mehr flüchten. Wenn Murat mich in Deutschland besuchen würde, hätte er das Gepäck voller Mitbringsel und Pläne. Er wäre nicht mein Boyfriend, sondern würde mir Sprachkassetten mitbringen und mir einen Türkischkurs heraussuchen. Er wüsste die Sommerferientermine der nächsten drei Jahre auswendig und die besten Flugverbindungen. Vermutlich hätte er schon eine Seniorenresidenz in Antalya für meine Eltern ausgesucht, weil er nicht möchte, dass ich traurig bin und sie vermisse. Und er würde Geld sparen, damit wir seinen Traum leben könnten.

Er will ausziehen. Ein eigenes Leben haben. Und dafür braucht er eine Frau. Denn alleine kann er nicht leben und mit Freunden kann er auch nicht zusammen wohnen.

Wir beide alleine in einer winzigen Hochhauswohnung. Wie die Freundin seines Freundes würde ich Türkisch sprechen und kochen lernen. Als Liebespaar in Manavgat leben. Mit der coolsten Musik der Stadt. Einige Jahre die Zweisamkeit genießen. Und spätestens dann würde er ein Baby wollen. Oder zwei. Mit Fünfundzwanzig möchte er spätestens eine Familie haben.

Aber warum sollte ich in der Türkei am Meer leben? Wie kann ich da spazierengehen oder schwimmen, wenn ich mir nicht mal die Schuhe zubinden kann, ohne dass mich jemand anquatscht?

Und ich kann nicht kochen. Und will es auch nicht. Und mir reichen die Englisch- und Französischtests vollkommen.

Murat will eine kleine blonde türkische Frau, die europäisch genug ist, dass sie RaveZ und Schmusen bei Tageslicht mag.

Ich pfeife meine Gedanken zurück. Und ich? Ich wollte ihn als Freund und fand alles toll, was ihn jünger gemacht hat. Seine bunten Jeans, sein Englisch und seine Musik. Ich wollte, dass er achtzehn und europäisch ist. Und er wollte, dass ich eine achtzehnjährige Türkin werde. Aber ich kann nicht in der Türkei leben. Wie soll ich in der Türkei leben, wenn ich die ganze Zeit Bauchschmerzen habe? Und er – würde er wegen mir nach Deutschland kommen?

Er will in der Türkei leben und muss sich um seine Familie kümmern.

Ich ziehe meine Sandalen aus. Der Sand ist noch warm vom Tag. Die Wellen lecken ganz sanft meine Füße. Lauwarm.

Das gleiche Wasser. Aber es kann mich nicht täuschen. Hier ertrinken Menschen. Vielleicht jede Woche, vielleicht jeden Tag, vielleicht heute.

Auch Murat ist jetzt am Strand. Entweder ist er mit seiner Kamera beschäftigt oder er raucht am Einheimischenstrand.

Es ist heiß heute.

Und gleich geht die Sonne unter.

Gleich färbt sich das Wasser rot.

Ich lasse mich in den Sand sinken und strecke die Füße in die Wellen. Rutsche noch näher heran und setze mich dann einfach mit meinem Kleid ins Wasser. Ich ziehe mir das Haargummi heraus und lasse die Haare fallen. Dann hebe ich die Arme und mache noch einmal die gleichen Posen wie in der Türkei.

Alle, die mir noch einfallen.

Ich drehe anmutig die Hände. Ich strecke die Füße. Aber ich lächele nicht. Ich stelle das ganze verdammte Fotobuch nach und schaue dabei Richtung Osten. Aber diesmal beobachtet mich niemand.

Keine Fotos. Keine verdammten Fotos!

Ich bin alleine. Nur ich und das rote Wasser.

Es ist zwölf Wochen her. Murat hatte Recht.

Drei Monate dauert Cyprus Hell.

Ich lasse die Tränen laufen und weiß, ich habe es jetzt begriffen. Mein riesiges Türkeipuzzle.

Ich habe alle Fragen und alle Antworten.
„Was ist mit den Fotos?"
Ich höre seine Stimme in meinem Kopf.
„In meinem Auto auf einen Stick. Ich kann sie nicht löschen. Und nicht ansehen. Zweimal habe ich sie angeguckt. Betrunken. Da ging es mir noch schlechter."
„Hast du Ärger gehabt?"
„Nicht mit der Polizei. Aber im Hotel. Hassan hat mir geholfen, mich herauszureden. Aber ich hatte die ersten Wochen Panik, dass du nicht dicht hältst und ich noch mehr Ärger kriegen würde."
„Die Wiese?"
„Ist bald weg. Ein neues Hotel. Totaler Fehler – will nicht daran denken, obwohl es für mich kaum Sex war."
„Warum hast du den Kontakt abgebrochen?"
„Weil ich keine Chance hatte. Nur fünf Tage. Du bist zu jung. Zu weit weg. Verboten. Und ich wollte nicht, dass du den Kontakt abbrichst. Nicht noch einmal so etwas. Konnte es nicht aushalten, dir hinterherzusehen."
„Und Istanbul?"
„Da kann ich nicht hin. Nicht einmal hingucken. Es ist schon an der Küste schwierig für mich, auch ohne Politik."
„Werden wir uns jemals wieder sehen?"
Schweigen.
Ich rutsche zurück an das Ufer und ziehe die Füße aus dem Wasser.
Es hängt nicht von Murat ab. Kein bisschen. Er kann nicht kommen. Nur ich kann dort hinfahren. Nur ich entscheide.
Aber ich kann es nicht entscheiden. Nicht jetzt.
Ich höre Maries Stimme, die nach mir ruft. Sie wartet an der Promenade mit den Jungen. Ich höre die französischen Stimmen und ihr Lachen. Dann rufen sie alle meinen Namen.
Die Sonne sinkt langsam und taucht ins Wasser. Das Rot mischt sich mit Silber und wippt auf den Wellen.

Ich wasche mir das Gesicht und den Schlamm von den Beinen. Streiche mir die roten Haare aus dem Gesicht. Ich brauche es nicht jetzt zu entscheiden. Später. Später kann ich es überlegen.

Ich stehe auf und drehe mich um.

Die Autorin

Miriam Sonntag, geb. 1999, Schülerin, lebt in NRW. Neben dem Schreiben liebt sie Zeichnen und Malen.

David Wozniak, Juleika Lippenrot – 13 Erzählungen
chiliverlag 2016, ISBN 978-3-943292-3-74
108 Seiten, EURO 7,90

Die Erzählungen David Wozniaks werden durchzogen vom roten Faden des Weiblichen als Dreh- und Angelpunkt des Geschehens, das aber letztendlich nur als Projektionsfläche für den Ich-Erzähler mit all seinen Unfähigkeiten und Leidenschaften dient. Vordergründig werden sie getragen von einem Sehnsuchtsmotiv, einer Verlorenheit, einer durchgängigen Melancholie und Überforderung, die sich in immer wiederkehrenden urbanen Motiven manifestiert.

Hier schwelgt ein Schöngeist in der Ästhetik der Welt und malt uns eine poetische, pastellfarbene Hommage an die Weiblichkeit.

Gatti – Katz'n, Krasse Katz'nstories von 21 Autoren
Hrsg. Franziska Röchter
Mit 14 Exlibris und kätzischen Kunstwerken sowie
einem kleinen Exkurs
chiliverlag 2016, ISBN 978-3-943292-42-8
188 Seiten, EURO 9,90

Der Band Gatti – Katz'n enthält sehr verschiedene Beiträge von sehr unterschiedlichen Autoren, die offenkundig eines gemein haben: sie mögen Katzen. Berührende, lehrreiche und humorvolle Geschichten erweitern unseren Blickwinkel auf das doch recht filigrane Geschöpf Katze. Selbst die größten Zweifler werden am Ende nicht anders können, als diesem wundervollen Tier positiv entgegenzutreten.

Fest steht: Katzen sind nicht nur außerordentlich eigensinnig, sondern ebenfalls außerordentlich intelligente und sensible Wesen.

Hans-Jörg Kühne, Kodex Rosebud, Roman
chiliverlag 2016, ISBN 978-394-3-292-40-4
324 Seiten, EURO 10,90

Berlin 1955: Der suspendierte Hauptkommissar Harald Kröger streift nachts durch die Stadt auf der Suche nach dem spurlos verschwundenen Baulöwen Franz Wedding. Armut, Spießigkeit und die Auswüchse des neuen Wirtschaftswunders bestimmen das Leben. Orgien, Drogenmissbrauch und eiskalte Auftragsmorde lassen die Schatten der jüngsten Vergangenheit zum neuen Albtraum werden, als Privatermittler Harry selbst ins Visier einer brutalen Killermaschinerie gerät.

„Kodex Rosebud" entführt die Leser in die vermeintlich unbeschwerte Zeit des wirtschaftlichen Wiederaufchwungs nach dem Ende der Nazi-Herrschaft. Ein gelungener Spagat zwischen recherchierter Historie, guter Unterhaltung und spannendem Crime. Das Ganze mit dem „kühnen" Tüpfel Humor.